廢名

竹林的故事

废名 著

人民文学出版社

图书在版编目（CIP）数据

竹林的故事/废名著．—北京：人民文学出版社，2022
（雅读）
ISBN 978-7-02-016016-7

Ⅰ.①竹… Ⅱ.①废… Ⅲ.①中国文学—当代文学—作品综合集 Ⅳ.①I217.2

中国版本图书馆CIP数据核字（2021）第237176号

责任编辑　周墨西
装帧设计　刘　远
责任印制　任　祎

出版发行　人民文学出版社
社　　址　北京市朝内大街166号
邮政编码　100705

印　　刷　三河市宏盛印务有限公司
经　　销　全国新华书店等

字　　数　150千字
开　　本　787毫米×1092毫米　1/32
印　　张　9.625　插页2
印　　数　1—6000
版　　次　2022年1月北京第1版
印　　次　2022年1月第1次印刷

书　　号　978-7-02-016016-7
定　　价　38.00元

如有印装质量问题，请与本社图书销售中心调换。电话：010-65233595

目 录

小 说

3　柚子

17　浣衣母

29　我的邻舍

47　初恋

54　阿妹

67　火神庙的和尚

80　竹林的故事

90　河上柳

96　桃园

108　菱荡

116　四火

142　枣（旅客的话一）

148　墓（旅客的话二）
155　莫须有先生传（节选）

诗

175　梦之二
176　琴
177　栽花
178　灯
181　掐花
182　妆台
183　自惜
184　镜铭
185　壁
186　理发店
187　北平街上
189　灯
191　星
192　十二月十九夜

194　宇宙的衣裳

195　寄之琳

196　街头

散　文

199　"呐喊"

202　从牙齿念到胡须

204　作战

206　狗记者

208　往日记

216　斗方夜谭

231　《周作人散文钞》序

240　悼秋心（梁遇春君）

244　"古槐梦遇"小引

247　知堂先生

253　北平通信

261　小园集序

264　中国文章

267　父亲做小孩子的时候

274　教训

282　放猖

286　散文

292　我怎样读论语

301　谈杜甫的"登楼"

小　说

柚　子

柚子是我姨妈，也就是我妻姑妈的女儿。妻比柚子大两岁，我比妻小一岁；我用不着喊妻作姐姐，柚子却一定要称我作哥哥。近两年我同妻接触的机会自然比较多；当我们大约十岁以内的时候，我同柚子倒很亲密的过了小孩子的生活，妻则因为外祖母的媒介，在襁褓中便替我们把婚约定了，我和她的中间，好像有什么东西隔住，从没畅畅快快的玩耍过，虽然我背地里很爱她。

妻的家几乎也就是我同柚子的家。因为我同柚子都住在城里，邻近的孩子从小便被他们的父亲迫着做那提篮子卖糖果的生意，我们彼此对于这没有伴侣的单调生活，都感不着兴趣，出城不过三里，有一座热闹村庄，妻的家便在那里。何况我们的外祖母离了我们也吃饭不下哩。

我同别的孩子一样,每年到了腊月后十天,总是屈着指头数日子,不同的地方是,我更大的欢喜还在那最热闹的晚上以后,——父亲再不能说外祖母年忙不准去吵闹了。我穿着簇新的衣服,大踏步跑去拜年,柚子早站在门口,大笑大嚷的接着,——她照例连过年也不回去,这也就是她比我乖巧的好处(现在想起来,也许是我的家运胜过她的原故)。大孩子们赌纸牌或骨牌,我同柚子以及别的年纪相仿的小孩——我的妻除外——都团在门口地下的青石上播窟眼钱,谁播得汉字那一面,谁就算输。在这伙伴当中,要以我为最大量。外祖母给我同柚子一样的数目,柚子掌里似乎比原来增加了,我却几乎耍得一文也没有。柚子忽然停住了,很窘急的望着我,我也不睬她,仍然带着威吓的势子同其余的孩子耍。剩下的只有两只空掌了,求借于一个平素最相信我的朋友。柚子这才禁不住现出不得了的神气喊道:"焱哥,不要再耍罢!"我很气忿的答她:"谁向你借不成!"

许多糖果当中,我最爱的是饧糖。每逢年底,外祖母把自己家的糯谷向糖店里去换,并且嘱咐做糖的师父搓成指甲大的颗粒;拿回家来,盛在小小的釉罐里,作我正月的杂粮。柚子本不像我贪吃，为我预备着的东西，却也一定为她预备一份。外祖母当着我们面前点罐子，而且反复说道，反正只有这么多，谁先吃完了谁就看着别人吃。我心里也很懂得这话里的意义，我的手却由不得我，时刻伸到罐子里拿几颗。吃得最厉害，要算清早打开眼睛睡在床上的时候，——这罐子本就放在床头。后来我知道我的罐子快完了，白天里便偷柚子名下的。柚子也很明白我的把戏，但她并不作声。末了仍然是我的先完，硬闹着把柚子剩下的拿出来再分。

外祖母的村庄，后面被一条小河抱住，河东约半里，横着起伏不定的山坡。清明时节，满山杜鹃，从河坝上望去，疑心是唱神戏的台篷——青松上扎着鲜红的纸彩。这是我们男孩子唯一的游戏，也是我成年对于柚子唯一的贡献。放牛的小孩，要我同他们上山去放牛；他们把系在牛鼻上的绳索沿着牛头缠住，让它们在山底下吃草，我们走上山顶折杜鹃。我捏着花回去，望见柚子在门口，便笑嘻嘻的扬起手来；柚子趁这机会也就嘲弄我几句："焱哥替芹姐折花回来了！"其实我折花的时候，并不想到柚子之外还有被柚子称作"芹姐"的我的妻。柚子接着花，坐在门槛上唱起歌来了。

杜鹃花,

朵朵红,

爷娘比我一条龙。

哥莫怨,

嫂莫嫌,

用心养我四五年;

好田好地我不要……

…………

"柚子只要好妆奁!"我得意极了,报复柚子刚才的嘲弄。

抱村的小河,下流通到县境内仅有的湖泽;滨湖的居民,逢着冬季水浅的时候,把长在湖底的水草,用竹篙子卷起,堆在陆地上面,等待次年三四月间,用木筏运载上来,卖给上乡人做肥料。外祖母的田庄颇多,隔年便托人把湖草订着。我同柚子毕竟是街上的孩子,见了载草的筏,比什么玩意儿都欢喜,要是那天中午到筏,那天早饭便没有心去吃。我比柚子固然更性急,然而这回是不能不候她的,有时候得冒火,帮着她拿剪刀同线，免不了把她芹姐的也误带了去。白皑皑的沙滩上，点缀着一堆堆的绿草；大人们赤着脚从木筏上跨上跨下；四五个婀娜的小孩，小狗似的弯着身子四散堆旁；拣粪的大孩子，手里拿着铁铲，也偷个空儿伴在一块。这小孩中的主人，要算我同柚子了，其余都是我两人要来的。这湖草同麻一般长，好像扯细了的棕榈树的叶子，我们拾了起来，系在线上，更用剪刀修成唱戏的胡子。这工作只有柚子做得顶好，做给我的好像更比别人的不同，套数也更多哩。

我小时欢喜吃菜心，——现在也还是这样，据说家里每逢吃菜心的时候，母亲总是念我。四月间园里长一种春菜，茎短而粗，把它割下来，剥去外层的皮，剩下嫩的部分，我们叫菜心；烹调的方法，最好和着豆粑一齐煮。这固然也是蔬菜，却不定人人可以吃得着；外祖母园里采回的，可说是我一人独享的了，柚子名义上虽也同坐一席。外祖母欢喜上园割菜，太阳落山的时候，总是牵我同柚子一路去。说是割春菜，不但我喜得做猪崽叫，在外祖母也确是一年中最得意的收获；柚子呢，口里虽然说，"你有好的吃了，"仿佛是妒我，看她遇见一棵很肥硕的，却又大大的喊起"焱哥！焱哥！"来了。

夏天的晚上，大家端竹榻坐在门口乘凉；倘若有月亮，孩子们便都跑到村东的稻场，——不知不觉也就分起男女的界限来了。女的在场的一角平排坐着，一会儿唱月亮歌，一会儿做望月亮的游戏：从伙伴中挑两个出来，一个站开几步，抬头望月亮，一个拿块瓦片，挨次触着坐着的手，再由那望月亮的猜那瓦片到底是谁捏着，猜着了，归被猜的人出来望，否则仍然是她望。我们男孩站在场中间，最热闹的自然是我，我最欢喜的是同他们比力气，结果却总是我睡在地下。我愤极了，听得那边低语："看你的焱哥！"接着是柚子的声音："衣服弄坏了！衣服弄坏了！"

我们一年长大一年了。父亲再也不准我过这没有管束的生活了。我自己也好像渐渐懂得了什么，以前不同妻一路玩耍，不过莫名其妙的怕别人笑话，后来两人住在一家也觉着许多不方便。那年三月，外祖母引我同柚子进城，经过我的族人门口，屋子里走出来一位婶娘，请外祖母进去坐坐，并且指着柚子道："这是奶奶的孙女儿，我们家的媳妇？"柚子的脸色，此时红得像桃子一样，我也笑着不大过意。同年六月，我进县里的小学，柚子听说仍然依着外祖母的日子多。在这几年当中，我也时常记起外祖母的村庄,但是,家里的大人都说光阴要爱惜,不准我自由走亲戚;外祖母间几天进城一趟,又找不着别的借口。有一回因事到姨妈家去,柚子适逢在家,害了几个月的病,起不下床来,我只得在姨妈面前问一声好。后来我同哥哥到省城,在家的机会更少,我的记忆里的柚子也渐渐忘却了。外祖母也在这期间永远同我们分手了,——父亲怕我们在外伤心,事后三四个月才给我们知道。姨妈的家况,不时由家信里带叙一点,却总不外乎叹息。

据说外祖母替姨妈定婚的时候,两头家势都很相衬。姨妈的公公,为人忠厚,又没有一定的职业,不上几年工夫,家产渐渐卖完了。姨妈初去,住着的一所高大房子,却还属自己,——后来也典给别人。外祖母家这时正兴旺,自然不忍心叫姨妈受苦,商量姨妈的公公,请他把姨父分开,欠人的债项,姨父名下也承受一份。从此姨父姨妈两人,由乡村搬到县城,凭了外祖母的资本,开一所染店。我在十二岁以前,完全不知道这些底细,因为住在街上开店,本不能令人想到境遇的不好,而且姨妈铺面很光敞,柚子与两位表兄所穿的,同我们弟兄又没有什么分别,在外祖母家也是一样的欢喜不过;当时稍为有点想不通的，母亲总是嘱咐我不要在姨妈家里吃饭罢了。姨父晚年多病，店务由姨妈同两表兄主持。两表兄丝毫不染点城市的习气，不过早年来往外祖母家，没有尝过穷人的日子，而且同我一样，以为理想容易成为事实，成日同姨妈计划，只要怎样怎样，便可怎样怎样，因了舅爷的面子，借得很多的资本，于旧店以外，新开几个分店。悲剧也就从此开始了。

那年夏天我由省城学校毕业回家，见了母亲，把以前欠给外祖母的眼泪，统行哭出来了。母亲故作宽解——却也是实情："外祖母活在，更难堪哩！姨妈这样不幸！"母亲说，两表兄新开各店，生意都没有起色，每年欠人的债息，无力偿还；姨父同两表兄本地不能站脚，跑到外县替人当伙计；柚子呢，她伴着姨妈住在原来店屋里，这店屋是早年租了人家的，屋主而且也就是债主，已经在知事衙门提起诉讼。母亲又极力称赞柚子的驯良，"没有她，这世上恐怕寻不出姨妈哩"。这些话对于我都很奇怪；记起柚子，很想会她一面，却也只想会一面，不再有别的感触。

到家第三天下午，告诉母亲，去看看姨妈；母亲说，不能走前街，因为前门是关着的，须得弯着走后门进去。我记得进后门须经过一大空坦，坦中间有一座坟，这坟便是那屋主家的，饰着很大的半圆形的石碑，姨妈往常总是坐在碑旁阳光射不到的地方，看守晒在坦上各种染就的布。我走到离空坦还有十几步远的塘岸，首先望见的是那碑，再是半开着的木板门，同屋顶上一行行好像被猫踏乱的瓦。忽然间几只泅水的鸭扑的作响，这才看出一个蓝布包着头的女人挂着吊桶在那里兜水，这女人有点像我的姨妈，——她停住了！"不是我的焱儿吗？""呵，姨妈！"不是我记忆里的姨妈了！颧骨突起，令人疑心是个骷髅。姨妈引我进门，院子里从前用竹竿围着的猪窠，满堆些杂乱的稻草，竿子却还剩下几根；从前放在染房的踩石，也横倒在地上，上面尽沾些污泥。踩石的形状，同旧式银子相仿，用来展压头号的布的，也是我小孩时最感着趣味的宝贝之一：把卷在圆柱形的木头上的布，放在一块平滑的青石当中，踩布的师父，两手支着木梁，两脚踏着踩石尖出的两端，左右摇动。我记得当时看这玩意儿，那师父总装着恐吓的势子，对我说"跌下来了"的话。姨妈的口气，与平时完全两样，一面走一面说着，"只有望我的儿发达！"要在平时，虽然也欢喜称奖我们兄弟上进，言外却总带点发财也不差比做官的意思。我慢慢的开着步子，怕姨妈手里提着东西走不得快，而且也伺望屋子里有没有人出来。屋子里非常静寂，暗黑，只有挨近院子的那一间可以大概望得清白。进了这间，姨妈便把吊桶放下了。这在从前是堆积零细家具的地方；现在有一张木床，床上只缺少了帐子；一张小桌子，上面放着梳头用的木盒；另外是炉子，水缸，同一堆木柴。我心里有点恍惚不定。姨妈似笑似惭，终于哭起来了。我也哭起来了，但又被什么惊醒似的：

"柚……柚子妹妹呢？"

"她……她到……东头……邻舍家里去了。"

我不能够多问。太阳落山的时候，仍然只有我的姨妈从后门口送我出来，不由我回想当年同我父亲对席吃饭的姨父，同我母亲一样被人欢接的姨妈，同我们一样在外祖母面前被人夸好的两位表兄，以及同我在一个小天地里哭着，笑着，争闹着的柚子妹妹。见了那饰着圆碑的坟，而且知道我的外祖母已经也是死了。临了仍然落到柚子，在我脑里还是那羞红了脸的柚子的身上。

那年秋天，我结婚了。我自己姑妈的几位姐儿都来我家，彼此谈笑，高兴得非常，——我的脑里却好像有一点怆恨的影子，不过模糊得几乎看不出罢了。

这是八月十二那一天，外祖母移葬于离家十里远的地方，我同我的母亲，舅爷，以及舅爷的几位哥儿一路送葬。母亲哭个不休，大半是伤心姨妈的境遇。我看着母亲哭，心里自然是不好过，却又有自己的一桩幻想："倘若目及我同芹……欢送孙女儿呢？还是欢迎外孙媳？"晚上我同妻谈及此事，其时半轮月亮，挂在深蓝空中，我苦央着妻打开窗子，起初她还以我不能耐风为辞。我忽然问她，"小孩时为什么那样躲避？倘若同柚子一样，一块儿……"

"柚子……"

我无意间提起柚子，妻也没气力似的称她一声，接着两人没有言语，好像一对寒蝉。柚子呵！你惊破我们的好梦了。

"现在是不是同姨妈住在一块呢？"我突然问。

"我们婚期前一月，我父亲接她到我家，现在又回那屋里去了。"

"为什么不来我家呢？母亲也曾打发人去接她。"

"她也向我谈过，这里的女伴儿多，没有合身的衣服。"

"我十多年没有会着她哩。"

"做孩子的时候太亲密很了。"

"六月间我曾到她屋里去过，她却不在家。"

"她在东头孙家的日子多，——帮他们缝补衣服。姨妈的粮食，多半还由她赚回哩。"

"她两位嫂嫂呢？"

"各自回娘家去了。柚子同我谈及她们，总是摇头，成日里怨天恨地，还得她来解劝。"

我渐渐感着寒意了。推开帐子，由天井射进来的月光，已经移上靠窗的桌子。妻起来把窗关着，随又告诉我，姨妈有意送柚子到婆家去，但公姑先后死了，丈夫在人家店里，刚刚做满了三年学徒，去了也是没有依恃的。

"现在是怎样一个柚子呢？"我背地里时刻这样想。每逢兴高采烈的同妻话旧，结果总是我不作声，她也只有叹气。我有时拿一本书倒在床上，忽然又摔在一边，张开眼睛望着帐顶；妻这时坐在床面前的椅子上，不时把眼睛离开手里缝着的东西，向我一瞥，后来乘机问道：

"有什么使你烦恼的事呢？请告诉我，不然我也烦恼。"

"我——我想于柚子未到婆家以前，看一看她的丈夫。"

去年寒假,我由北京回家,姨妈的讼事,仍然没有了结,而且姨父已经拘在监狱里了。我想,再是忍无可忍的了,跑到与那屋主很是要好的一位绅士处,请他设法转圜。结果因姨父被拘的原故,债权取消,另外给四十千出屋的费用。这宗款项,姨妈并不顾忌两位嫂嫂,留十五千将来替柚子购办被帐,其余的偿还米店的陈欠,取回当店里的几件棉衣,剩下只有可以籴得五斗米的数目了。

出屋那一天,是一年最末的第二天,我的母亲托我的一位邻人去探看情形,因为习惯的势力,我们亲戚家是不能随意去的。下午,那邻人把姨妈同柚子带到我家来了!这柚子完全不是我记忆里的柚子了,却也不见得如妻所说那样为难人家的女儿;身材很高,颜面也很丰满,见了我,依然带着笑容叫一声"焱哥"。我几乎忘却柚子是为什么到我家来,也不知道到堂屋里去慰问含泪的姨妈;心里好像有所思,口里好像有所讲,却又没有思的,没有讲的。柚子并不同我多讲话,也不同家里任何人多讲话,跟着她的芹姐笔直到房里去。后来母亲向我说,母子两人预备明天回原来乡间的旧居——不是曾经典给人家的那所高大房子,是向一位族人暂借的一间房子,今天快黑了,只得来我家寄宿一夜。

天对于我的姨妈真是残酷极了,我还睡在床上,忽然下起大雨来了!我想,姨妈无论如何不能在我家勾留,因为明夜就是除夕;柚子总一定可以,因为她还是女孩子,孩子得在亲戚家过年,她从前在外祖母家便是好例。但是,起来,看见柚子问妻借钉鞋!我不禁大声诧异:"柚子也回去吗?千万行不得!"妻很窘的向我说,姨妈非要柚子同去不可,来年今日,也许在婆家。我又有什么勇气反抗妻的话呢?

吃过早饭,我眼看着十年久别,一夕重逢的柚子妹妹,跟着她的骷髅似的母亲,在泥泞街上并不回顾我的母亲的泣别,渐渐走不见了。

1923 年 4 月

浣 衣 母

自从李妈的离奇消息传出之后,这条街上,每到散在门口空坦的鸡都回进厨房的一角漆黑的窠里,年老的婆子们,接着平素的交情,自然的聚成许多小堆;诧异,叹惜而又有点愉快的摆着头:"从那里说起!"孩子们也一伙伙团在墙角做他们的游戏;厌倦了或是同伴失和了,跑去抓住妈妈的衣裙,无意的得到妈妈眼睛的横视;倘若还不知退避,头上便是一凿。远远听得嚷起"爸爸"来了,妈妈的聚会不知不觉也就拆散,各瞄着大早出门,现在又拖着鞋子慢步走近家来的老板;骂声孩子不该这样纠累了爸爸,随即从屋子里端出一木盆水,给爸爸洗脚。

倘若出自任何人之口,谁也会骂:"仔细!阎王钩舌头!"但是,王妈,从来不轻于讲话,同李妈又是那样亲密。倘若落在任何人身上,谈笑几句也就罢了,反正是少有守到终头的;

但是，李妈受尽了全城的尊敬，年纪又是这么高。

李妈今年五十岁。除掉祖父们常说李妈曾经住过高大的瓦屋，大家所知道的，是李妈的茅草房。这茅草房建筑在沙滩的一个土坡上，背后是城墙，左是沙滩，右是通到城门的一条大路，前面流着包围县城的小河，河的两岸连着一座石桥。

李妈的李爷，也只有祖父们知道，是一个酒鬼；当李妈还年青，家运刚转到蹇滞的时候，确乎到什么地方做鬼去了，留给李妈的：两个哥儿，一个驼背姑娘，另外便是这间茅草房。

李妈利用这天然形势，包洗城里几家太太的衣服。孩子都还小，自己生来又是小姐般的斯文，吃不上三碗就饱了；太太们也不像打发别的粗糙的婆子，逢着送来衣服的时候，总是很客气的留着，非待用过饭，不让回去，所以李妈并没实在感到穷的苦处。朝前望，又满布着欢喜：将来儿子成立……

李妈的异乎同行当的婆子，从她的纸扎的玩具似的一对脚，也可以看得出来，——她的不适宜于这行当的地方，也就在这一点了。太阳落山以前，倘若站在城门旁边，可以看见一个轻巧的中年妇人，提着空篮，一步一伸腰，从街走近城；出了城门，篮子脱下手腕，倚着茅壁呻吟一声，当作换气；随即从茅壁里走出七八岁的姑娘,鸭子似的摆近篮子,拣起来:"妈妈!"

李妈虽没有当着人前诅咒她的命运,她的命运不是她做孩子时所猜想的,也绝不存个念头驼背姑娘将来也会如此的,那是很可以明白看得出的了。每天大早起来,首先替驼背姑娘,同自己的母亲以前替自己一样,做那不可间断的工作。驼背姑娘没有李妈少女时爱好,不知道忍住疼痛,动不动喊哭起来,这是李妈恼怒的时候了,用力把剪刀朝地一摔:"不知事的丫头!"驼背姑娘被别的孩子的母亲所夸奖而且视为模范的,也就在渐渐显出能够赶得上李妈的成绩,不过她是最驯良的孩子,不知道炫长,——这长处实在也不是她自己所稀罕的了。

男孩子不上十岁,一个个送到城里去做艺徒。照例,艺徒在未满三年以前不准回家,李妈的哥儿却有点不受支配,师父令他下河挑水,别人来往两三趟的工夫,他一趟还不够。人都责备李妈教训不严,但是,做母亲的拿得出几大的威风呢?李妈只有哭了。这时也发点牢骚:"酒鬼害我!"驼背姑娘也最伶俐,不奈何哥哥,用心服侍妈妈,李妈趁着太阳还不大厉害,下河洗衣,她便像干偷窃的勾当一般,很匆忙的把早饭弄好,——只有她自己以为好罢了;李妈回来,她张惶的带笑,站在门口。

"弄谁饭？——你！"

"……………"

"糟蹋粮食！丫头！"

李妈的气愤，统行吐在驼背姑娘头上了。驼背姑娘再也不能够笑，呜呜咽咽的哭着。她不是怪妈妈，也不是恼哥哥，酒鬼父亲脑里连影子也没有，更说不上怨，她只是呜呜咽咽的哭着。李妈放下衣篮，坐在门槛上，又把她拉在怀里，理一理她的因了匆忙而散到额上的头发。

从茅草房东走不远，平铺于城墙与河之间，有一块很大的荒地，高高低低，满是些坟坡。李妈的城外的唯一的邻居，没有李妈容易度日，老板在人家当长工，孩子不知道养到什么时候才止，那受了李妈不少的帮助的王妈，便在荒地的西头。夜晚，王妈门口很是热闹，大孩子固然也做艺徒去了，滚在地下的两三岁的宝贝以及他们的爸爸，不比李妈同驼背姑娘只是冷冷的坐着。驼背姑娘有一种特别本领——低声唱歌，尤其是学妇人们的啼哭；倘若有一个生人从城门经过，不知道她身体上的缺点，一定感着温柔的可爱，——同她认识久了，她也着实可爱。她突然停住歌唱的时候,每每发出这样的惊问:"鬼火?"李妈也偏头望着她手指的方向,随即是一声喝:"王妈家的灯光!"

春夏间河水涨发,王妈的老板从城里散工回来,瞧一瞧李妈茅草房有没有罅隙地方;李妈虔心信托他的报告,说是不妨,也就同平常一样睡觉,不过时间稍微延迟一点罢了。流水激着桥柱,打破死一般的静寂,在这静寂的喧嚣当中,偶然听见尖锐而微弱的声音,便是驼背姑娘从梦里惊醒喊叫妈妈;李妈也不像正在酣睡,很迅速的作了清晰的回答;接着是用以抵抗恐怖的断续的谈话:

"明天叫哥哥回来。"

"那也是一样。而且他现在……"

"跑也比我们快哩!"

"好罢,明天再看。"

王妈的小宝贝,白天里总在李妈门口匍匐着;大人们的初意也许是借此偷一点闲散,而且李妈只有母女两人,吃饭时顺便喂一喂,不是几大的麻烦事;孩子却渐渐养成习惯了,除掉夜晚睡觉,几乎不知道有家。城里太太们的孩子,起初偶然跟着自己的妈妈出城游玩一两趟，后来也舍不得这新辟的自由世界了。驼背姑娘的爱孩子，至少也不比孩子的母亲差；李妈的荷包，从没有空过，也就是专门为着这班小天使，加以善于鉴别糖果的可吃与不可吃，母亲们更是放心。土坡上面，——有时跑到沙滩，赤脚的，头上梳着牛角的，身上穿着彩衣的许许多多的小孩，围着口里不住歌唱，手里编出种种玩具，两条腿好像支不住身体而坐在石头上的小姑娘。将近黄昏，太太们从家里带来米同菜食，说是孩子们成天吵闹，权且也表示一点谢意；李妈此时顾不得承受，只是抚摸着孩子："不要哭，明天再来。"临了，驼背姑娘牵引王妈的孩子回去，顺便也把刚才太太们的礼物转送给王妈。

李妈平安的度过四十岁了。李妈的茅草房，再也不专是孩子们的乐地了。

太太们的姑娘，吃过晚饭，偶然也下河洗衣，首先央求李妈在河的上流阳光射不到的地方寻觅最是清流的一角，——洗衣在她们是一种游戏，好像久在樊笼，突然飞进树林的雀子。洗完了，依着母亲的嘱咐，只能到李妈家休歇。李妈也俨然是见了自己的娇弱的孩子新从繁重的工作回来，拿一把芭扇，急于想挥散那苹果似的额上一两颗汗珠。驼背姑娘这时也确乎是丫头，捧上了茶，又要去看守放在门外的美丽而轻便的衣篮，然而失掉了照顾孩子的活泼和真诚，现出很是不屑的神气。

傍晚，河的对岸以及宽阔的桥石上，可以看出三五成群的少年，有刚从教师的羁绊下逃脱的，有赶早做完了工作修饰得胜过一切念书相公的。桥下满是偷闲出来洗衣的妇人（倘若以洗衣为职业，那也同别的工作一样是在上午），有带孩子的，让他们坐在沙滩上；有的还很是年青。一呼一笑，忽上忽下，仿佛是夕阳快要不见了，林鸟更是歌啭得热闹。李妈这时刚从街上回来，坐在门口，很慈悲的张视他们；他们有了这公共的母亲，越发显得活泼而且近于神圣了。姑娘们回家去便是晚了一点，说声李妈也就抵得许多责备了。

卖柴的乡人歇下担子在桥头一棵杨柳树下乘凉，时常意外的得到李妈的一大杯凉茶，他们渐渐也带点自己田地里产出的豌豆，芋头之类作报酬。李妈知道他们变卖的钱，除盐同大布外，是不肯花费半文的，间或也买几件时新的点心给他们吃，这在他们感着活在世上最大的欢喜，城里的点心！虽然花不上几个铜子，他们却是从天降下来的一般了。费尽了他们的聪明,想到,皂荚出世的时候，选几串拿来；李妈接着，真个哈哈不住："难得这样肥硕！"

有水有树，夏天自然是最适宜的地方了；冬天又有太阳，老头子晒背，叫化子捉虱，无一不在李妈的门口。

李妈的哥儿长大了，酒鬼父亲的模型，也渐渐显得没有一点差讹了。李妈咒骂他们死；一个终于死了，那一个逃到什么地方当兵。

人都归咎李妈：早年不到幼婴堂抱养女孩给孩子做媳妇，有了媳妇是不会流荡的。李妈眼见着王妈快要做奶奶，柴米也不像以前缺乏，也深悔自己的失计。但是，高大的瓦屋，消灭于丈夫之手，不也可以希望儿子重行恢复吗？李妈愤恨而怅惘了。驼背姑娘这时很容易得到一顿骂："前世的冤孽！"

李妈很感空虚，然而别人的恐怖，无意间也能够使自己的空虚填实一点了。始而匪的劫掠，继而兵的骚扰，有财产，有家室，以及一切幸福的人们都闹得不能安居，只有李妈同驼背姑娘仍然好好的出入茅草房。

守城的兵士，渐渐同李妈认识。驼背姑娘起初躲避他们的亲近，后来也同伴耍小孩一样，真诚而更加同情了。李妈的名字遍知于全营，有两个很带着孩子气的，简直用了妈妈的称呼；从别处讹索来的蔬菜同鱼肉，都拿到李妈家，自己烹煮，客一般的款待李妈；衣服请李妈洗，有点破敝的地方，又很顽皮的要求缝补；李妈的柴木快要烧完了，趁着李妈不在家，站在桥头勒买几担，李妈回来，很窘的叫怨，他们便一溜烟跑了。李妈用了寂寞的眼光望着他们跑，随又默默的坐在板凳上了。

李妈的不可挽救的命运到了，——驼背姑娘死了。一切事由王妈布置，李妈只是不断的号哭。李爷死，不能够记忆，以后是没有这样号哭过的了。

李妈要埋在河边的荒地，王妈嘱人扛到城南十里的官山。李妈情愿独睡，王妈苦赖在一块儿做伴。这小小的死，牵动了全城的吊唁：祖父们从门口，小孩们从壁缝；太太用食点，同行当的婆子用哀词。李妈只是沉沉的想，抬头的勇气，大约也没有了。

李妈算是熟悉"死"的了，然而很少想到自己也会死的事。眼泪干了又有，终于也同平常一样，藏着不用。有时从街上回来，发见短少了几件衣服，便又记起了什么似的，仍是一场哭。

太太们对于失物，虽然很难放心下去，落在李妈头上，是不会受苛责的，李妈也便并不十分艰苦一年一年的过下去了。

今年夏天来了一个单身汉，年纪三十岁上下，一向觅着孤婆婆家寄住，背地里时常奇怪李妈的哥儿：有娘不知道孝敬。一日想到，在李妈门口树荫下设茶座，生意必定很好，跑去商量李妈；自然，李妈是无有不行方便的。

人们不像从前吝惜了，用的是双铜子，每碗掏两枚，值得四十文；水不花本钱，除偿茶叶同柴炭，可以赚米半升。那汉子苦央着李妈不再洗衣服："到了死的日子还是跪！"李妈也就过着未曾经历过的安逸了。然而寂寞！疑心这不是事实：成天闲着。王妈带着孙儿来谈天："老来的好缘法！"李妈也陪笑，然而不像王妈笑的自然；富人的骄傲，穷人的委随，竞争者的嫉视，失望者的丧气，统行凑合一起。

每天，那汉子提着铜壶忙出忙进。老实说，不是李妈，任凭怎样的仙地，来客也决不若是其拥挤。然而李妈并不显得几大的欢欣，照例招呼一声罢了。晚上，汉子进城备办明天的茶叶，门口错综的桌椅当中，坐着李妈一人；除掉远方的行人从桥上彳亍过来，只有杨柳树上的蝉鸣。朝南望去，远远一带山坡，山巅黑簇簇，好像正在操演的兵队，然而李妈知道这是松林；还有层层迭迭被青草覆盖着的地方，比河边荒地更是冷静。

李妈似乎渐渐热闹了，不时也帮着收拾茶碗。对待王妈，自然不是当年的体恤，然而也不是懒洋洋的陪笑，格外现出殷勤——不是向来于百忙中加给一般乡人的殷勤，令人受着不过意，而且感到有点不可猜测的了。

谣言哄动了全城，都说是王妈亲眼撞见的。王妈很不安："我只私地向三太太讲过，三太太最是爱护李妈的，而且本家！"李妈这几日来往三太太很密，反复说着："人很好，比大冤家只大四岁。……唉，享不到自己儿的福，靠人的！"三太太失了往日的殷勤，无精打采的答着。李妈也只有无精打采的回去了。

姑娘们美丽而轻便的衣篮，好久没有放在李妈的茅草房当前。年青的母亲们，苦拉着孩子吃奶："城外有老虎，你不怕，我怕！"只有城门口面店的小家伙，同驴子贪恋河边的青草一样，时时刻刻跑到土坡；然而李妈似乎看不见这爬来爬去的小虫，荷包里虽然有铜子，糖果是不再买的了。

那汉子不能不走。李妈在这世界上唯一的希望,是她的逃到什么地方的冤家,倘若他没有吃子弹,倘若他的脾气改过来。

1923 年 8 月 29 日

我的邻舍

我家的前门当街，后门对着在城镇里少有的宽阔的空坦，空坦当中，仅有同我家共壁的两间瓦屋，一间姓石，那一间姓李。两家大门互相对着，于大坦中更范成一块小坦，为我家从后门出进的路。我在省城读书，见了那前面横着操场的营盘门口排立着两个卫兵，不知不觉便联想到那两间房子。

石姓算得老住。我家是从东门迁居的，现在也有十几年。李姓至多不过三年，因为我的记忆里还是那念着"'戒之哉，宜勉力'，读完《三字经》要肉吃"，鼓励我去向父亲刁难的单身老汉，直到前年暑假，才知道老汉已经死去了，房子也易了主人。

预计着暑假快到了，母亲便买好青松，靠后门竖起一架荫棚。荫棚底下，纵横放着竹榻，吃过早饭，弟兄们躺睡谈天。阿六总是强占那矮榻，——确也矮得精致，我不禁想起清少纳言"凡是细小的都可爱"的话来。母亲醒了午觉,也加在一伙,"阿六,只有你讲话的分儿,仿佛哥哥是外乡长大的,都要你告诉我。"阿六越发现得得意,我也并不感到厌倦,他好像再接不起头来了,我便故意挑剔一句。

阿六突然记起了什么,叮咛一声,"不要坐我榻!"三步当作两步的跑进石家。随即引起比自己更小的孩子,赤臂膊,裤子——自然是开裆的,上卷到膝头,脚也光着,地面大约有点烫,而且铺了好些沙粒,脚板刚踏下,手也弹起来,然而还是要跑;一手捏的是橡皮球,那一手便是我久住都会也不知道名字的一种抽水袋。我顿时有话要向母亲询问,然而六月天皮肉都露出来的小孩,是年来同故乡的肴味一样,想起来就要馋嘴的,好容易陈在我的面前;阿六又是那副旁若无人的气概,指着孩子的手,"不只这些哩,从九江买回的!"我那里还忙得开眼睛和耳朵。

我一面看阿六把袋子放在浴盘里吸水,然后对着堂屋射去,一面拉着那孩子叫他坐下矮榻,但他只顾拍水。我哈的一声大笑了,——他的右手比我们的多一个指头!这在我是第一次眼见,然而并不如平素所想像,以为是一种讨厌的残疾,圆阔得

很是有趣。当他把手浸到浴盆忽然又拿起来,那枝指便首先出现,好像脚鱼在那里伸头。母亲这时才也出言:

"名字就叫六指哩,他爷的意见:喊得贱也长得贱。"

我哄六指的手到我的手里,"我替你数萝,不替阿六。"

"一萝穷,

二萝富,

……"

他突然像一条鲶鳅从我的掌里脱逃了。我于是摸他的脚板;他嘶的一声把颈一缩。我又瞧见了他的脚搔很长,想替他剪短,——并不另外用剪刀,只用我自己的手甲,我说,"蚂蚁!那,那脚搔里的黑的!"然而他哭了。他也并不让阿六满足,转过背来,"要,我的!"阿六也只得淡淡的递还他袋子。我暗地里埋怨自己,"住在比九江更热闹的码头!"想起阿六刚才说话的神气更觉惭愧了。

我翻着手边杂志的插画,想招引六指再近我的身旁。阿六才也被我提醒,现着得意的颜色,跑来伏在我的兜里,"看,看我哥的画。"忽然同阿六一样大的孩子闯进荫棚来了:"我的球!六指拿我的球!"我更有点稀奇。这孩子没有六指那么肥,然

31

而俏俊,银项圈一半还用红布裹着,从六指手里夺下皮球,六指并不哭,好像不是因了夺而把的,不夺也自然要把,从一瞥见便徐徐的捱进去,可以看得出来。至于那插画,反不惹注意,便是阿六,也摔开一边,引新来的孩子走进自家堂屋里拍球了。

"啊,拍球,我同淑姐也是这样拍球。"

我家初搬到这来,我只有七岁,前几个月母亲便向我讲,"要迁往南门了,就是看把戏的那坦。"相距本只有两条街,自从能够爬路以来,听了锣鼓的响声,总是牵着祖母要去看。祖母一手牵我,一手拿一条高不上五寸的板凳,冬天放在太阳底下,夏天乘杨树的荫。新近又结识了许多伴侣,有月亮的晚上,大家持着木刀跑到坦里学兵操:所以听了母亲的话,便是父亲下乡,免掉了夜课,也没有这样欢喜。一个人路过的时候,一定要停住脚睄一睄房子,"那一个呢?有玻璃窗的总好呵。"有一回问祖母,祖母却说这都是别人的,自己的还得新做。

"那玻璃窗吗?那天在庵里遇见的跟着她妈妈还愿的淑姐,便是这家。"

搬家是一个夏晚,祖母抱猫,我引着狗在前跑。这欢喜可真不比寻常了:间间房有玻璃窗,堂屋明晃晃的悬着玻璃灯,石灰同砖末碾成的地，差玻璃也不顶远。第二天清早打开后门望坦，倘不是那窗户，我直不认是我所羡慕的那两间房子了，"好矮呵。"

前街都是铺店，放学回来，只有后门可以玩耍，伴侣也只有比我大两岁的淑姐。间壁的老汉，好像也在上学，我们刚出来，他才也从外进来，用钥匙开门。老汉最爱激起我同淑姐争强，比如说，"淑姐的爸爸好！淑姐要什么买什么！"我明明知道我的爸爸比淑姐的富，然而应付不了老汉的驳诘。淑姐的衣服总比我的好看，我不能即刻说出，"女孩子爱打扮，淑姐的爸爸又只有淑姐一个人。"虽也明知道其中有原因。然而这是我的夺不去的得意：淑姐不能不要求我到我的堂屋去拍球！好玩呵，冰一般的地上，淑姐好像一条龙，把自己做的球，红线衬着白线的球，翻来翻去。

"母亲！这两个孩子都是淑姐的弟弟吗？"

"啊，还没有告诉你，是的。淑姐——去年出嫁了。……小松！过来，过来认过我的焱哥。"母亲一面说，一面用手招那拍球的孩子，——阿六早把他推到我的面前了。他害羞，还没有站住脚，又拉着阿六一路进去了。

我想起我同淑姐现在都是有妇有夫的大人，倘若再会面，是何等多趣。我又想起当年游灯赛会，都是亲自抱着淑姐的石家叔叔，现在有了小松，又有六指，不觉也为他欢喜，看一看六指，并不像小松带有项圈，却又忍不住笑了。

堂屋里声音搅成一团，不消说，是阿六欺了小松。母亲很窘的喊，"发痧了：还不歇！"小松慢慢走出，好像从河里洗澡起来，满身是汗。我把他夹在兜里，他也并不像是刚才认识的，对我申诉着，"腰高也要我罚酒，讲定是头高。"阿六也抢了出来，一手一个指头拭着两颊，意思是说，小松不爱脸，——眼光突然射到前面去了，"癞疠婆！癞疠婆！"

李家门口站着一个女孩。我责备阿六白白的骂人，母亲却笑了：

"小松的媳妇哩。"

"哈哈！告诉我，什么名字？"

阿六忙帮着答道：

"细女，就叫做细女。"

我还是拉着小松，"你不答应，我不放！"我不放，他也就不答应；我放了，他一溜烟跑了。细女站在门槛里伸出头来对我们望，我望她，她又缩进去，——撒满了鸟粪的脑壳已经给我看得明白了。我很为小松不平，"将来岂不是同壶卢一般？"母亲似乎看出了我的心事，"这并不是好不了的，——你们现在不是提倡女子剪发吗？"我笑了。这一层就算解决，面孔也万万配不上小松。

母亲说，李家乡下有田地，本比石家强，不过石叔叔新在正街开店——九江煤油公司的分栈，眼见得快要发财，我的脑里，石叔叔也是一个很可崇拜的人（倘若那老汉不在旁边），衣服穿得阔，商会议戏，极力主张头号的班子，我同淑姐伴在一块儿，极力夸奖我，吩咐淑姐，买糖要与我平分。

"替小松订媳妇，为什么不同玩具一样到热闹码头拣那我们不知道名字的呢？"

一旁谈笑，阿六总是称癞疬。母亲说不该，癞疬的妈妈听见了，是不舒服的。然而"细女"，"细女"，在我也很难叫出口，仿佛是一根鸡毛，拿起来怪不称手。我们家人时常因此大笑一阵，母亲几乎要笑出眼泪来。而细女很作怪，我拉小松，小松也只扭扭捏捏；拉她，她却大声喊妈妈。她的妈妈料想不到省城回来的先生，会同孩子们挑衅，从屋子里发出"那个？要死呀！要死呀！"的骂声。有时，她跟着妈妈的背后朝外走，我站在门口，故意咳嗽一声，她以为真个来缠她，很尖锐的叫起来，转到前面搂着妈妈；妈妈掉头一望，然后轻轻把癞疮一拍，"我道是有谁！"

一天清早，我还在睡觉，阿六跑到我的面前，"哥！看洋人，小松家里有洋人！"洋人下乡，我也觉得不是寻常事，然而怎会到小松的家呢？我拿脸盆往厨房打水，听得同母亲讲话的不是本家人的声音，便在间壁房子里站住了。

"只有子鸡说是合式，——肉不吃。"

"几只呢？——来得正好，迟一点就要放笼。"

鸡的叫声，翅腿的劈拍，竹笼的开闭。

"今年抱得晚，过些时长大了，再还奶奶。——天明起床，头还是蓬着。小松的爷，昨晚两点钟才弄清楚，这月是五百块。"

母亲唯唯的答着。话声已经出了后门。

原来是总公司的账房照例一月月的催款。

三十岁上下的妇人，很胖，粗布衣裳，很整洁；对待我不现得亲热，然而我的母亲是疼我的，父亲又在学务局办事，惯于毒骂别的孩子，也并不骂我；我也本不欢喜她，她在家，我招淑姐，总是站在门口：这便是淑姐的妈妈。现在的淑姐的妈妈自然不像我所描绘的了；我听了刚才的话音——虚夸掩不过张惶，也掉过了当年的心情，仿佛是自己的婶娘一般，要求父亲分给大宗款项，不干这欢迎钦差似的买卖才好。

我出后门，李家的门口站着——，我的感觉好像眼睛的一眨，很快的知道是淑姐的妈妈；大约也是乞借，细女的妈妈送到门外，还正在交语。见了我，很带踌躇的神气，我似乎已经听到了一个声音——"焱"，马上又没有了。过一会是：

"二先生！再真是先生模样了。"

我说，"婶子，不必客气，还是'焱娃'。"她接着很高兴似的说了许多话，却不是单给我一人听见，意思是：我的洋话，不消说，讲得好；小松，爸爸也想送他读书，将来有一日上省，那才是福气，便是做通师，也比开店强，这位账房带来的，一个月八十块。

阿六从小松的院子里跑出来，抱歉似的回复我，"就回！就回！"洋人已经上街去了。随着阿六的好像一阵狗，是四五个年纪相仿的男孩，其中只有小松的腰挺得顶直，阿六也很现光彩，不时把脑壳贴近小松，提出自己的或赞成小松的意见；其余的,只要不受排斥,什么也情愿容纳,手里捏着可吃的东西,早就贡献给小松了。细女这时也在坦。小松的原故呢,还是"女"本不是一伙?总之她是孤立——眼光凝视着,嘴里预备"妈妈",倘若谁敢来欺负。我注意一个人去了,小松不知缘何发恼:

"⋯⋯⋯⋯

大菩萨,

小菩萨,

保护癞疬长头发!"

我实在佩服小松的勇气!我同我的妻,儿时也常在一堆,从没有恶意或善意的表示。细女可哭起来了;结果妈妈走出,看一看是小松,又轻轻把癞疮一拍,"还不过来!"

洋人终于没有看见,说是趁着太阳不大利害,两乘轿抬出城到五祖山看风景去了。

吃饭的时候,阿六才也回来,母亲责备他不洗脸,他对我唠叨,"小松跌破了碗,挨他爷几颗栗子。"

这是去年寒假的事:母亲扇燃炉子,要赶快的给归儿吃一顿肉;我站在母亲身旁,要赶快的知道离家以来的变故,首先讲到，便是石家叔叔于今年秋间永辞人世的话了。

到家，太阳快要落山，母亲恰好同几位婆婆在街旁坐叙，车刚转角，就有人报信，婆婆们都上前迎接，我也一一问好，然而我的欢喜好像学校里踢的足球，吹得紧紧，偶然刺破了一个窟眼。"进门，堂屋没有人，——喊……"坐在车上远远望见城墙的时候我这样想，同时不觉也在笑；——谁耐烦许多意外的招呼呢？那人丛后面不是一位姑娘吗？"啊，淑姐！手牵的正是六指！"我又很自然的站住了。声音很多，却没有听见淑姐一句话，我徐徐的瞄她，她也正瞄着我哩。我们小孩子的亲密的生活，以及后来各在一方，随着许多有趣味的回忆而眷念着（至少在我是如此）的心情，统行消融于我们的眼光当中了。淑姐不知道，我即刻改向了六指，六指鼓起他的铜铃似的眼睛紧贴着阿姐。直到母亲问我，"还只吃过早饭罢？"妻也慢慢从后房走来，我才又转到另一世界了。

"是那有那么亮呢？含泪吗？"我听了母亲的话，适才温存我令我释去了疲劳的六指的眼睛，忽然发生疑难了。我背转身来，说是沿路灰尘太重，寻手帕，然而那能瞒得过我的聪明的母亲？——

"儿啊，老是这副心肠！——肚子还是空的，不要……"

阿六散学回家（二月里父亲给我写信已经谈到阿六上学的事）一刻也难忍耐，把我带回的网篮扒来扒去；我说，"不要嚷，母亲听了，埋怨你不让阿哥休息。"我拿起《阿丽斯漫游奇境记》同别的几张画报，阿六只管看画；我又拿起丝绳织的帽子，很快的剪在背后，"猜得着吗？比画还要好！"阿六简直飞起来了，那里还顾得及猜。我低声问道：

"同小松是不是一个学校呢？"

"小松？——小松在他伯伯家。"

"啊，——近来看见他没有呢？"

"看见，他时常回来。"

"再看见，回来叫我。"

我翻着《阿丽斯漫游奇境记》，说道，"三十夜我们两个围炉守岁，讲许多许多有趣的故事。"

到家第三天，阿六的先生散馆。淑姐也预备这天同去。母亲说腊月初婆家约定了日期，连着起风又下雪，挨到现在；两口子很和好，家事也很充裕；还是石叔叔害病的时候上街来。淑姐个人的幸运，在我好像用不着母亲的报告，因为我想起她，总是觉得有趣。我正在归程，确乎天天起来有风雪，然而并不以为苦，可以说是甜，希望在前面招引。现在，更要感谢了，俨然又在风雪里走，希望中添了那一瞄的淑姐。但是，淑姐的父亲呵即刻想到了淑姐的母亲呵即刻又想到了。这母亲本不如父亲印在我的脑里可爱，想到了随即排遣不开，却要算她了。

我刚刚洗完脸，阿六飞奔到我的面前，"小松在坦里！"我牵着阿六走出去，靠墙有一乘轿，——这也是我多年没有看见的，粗蓝布围着长方形的木架，好像是专门为着姑娘们做的，（本也算姑娘坐的多）比我还要矮一平拳。轿杠的两头，三四个小孩忙着肩膀和手，想把轿扛起，然而轿动也不动一动。里面坐的是小松；我抽开帘子，"认识我吗？""认识。"他很快的答应着。其余的孩子都围拢来，很羡慕小松似的，——戴眼镜的先生同他攀谈。阿六，不消说，更是得意。小松也立刻下了轿，仿佛是一个人坐着，是很可羞的；他比阿六长得高，衣服却又太长，要在平常，我以为是故意穿出来惹人笑，因为这样装饰格外现得皙白可爱。我替他抹一抹吊在嘴边的鼻涕：

"怎不同阿六到我家玩呢？"

阿六连忙插嘴：

"他晚上才回来。"

"白天总在伯伯家吗？"

"是的，伯伯家上学，伯伯家吃饭。"

小松的伯伯是城里有名的嫖客，一向在正街开南货店。兄弟间很不和好，尤其是妯娌；两家只有淑姐一个孩子的时候，伯母似乎还比伯伯疼爱淑姐的利害，因为淑姐那时把糕饼当作瓦片一般的贱，我问她是那有这么多，她说，一会见伯母，袋子就塞得满满。正月间游龙灯的时候，淑姐的父亲把淑姐抱上柜台，自己便走了，（我也借光站在上面）伯母立刻出来，从柜台里搂着淑姐，淑姐的头毛挤得蓬乱了，便慢慢用手梳理。淑姐的妈妈添了小松了，——母亲说——伯伯同小松倒很有缘法，无论到那里都要携着一路去；伯母与自己妈妈间的嫌怨，反更深了一层，"不要小松去！带坏了我的儿！"便是妈妈迁怒于伯伯的说话。

伯母已经是五十岁的婆婆了，商量承继的事，也很愿意要小松，小松的父亲死后，曾经例外的亲临小松家一趟。小松的妈妈，却要让下么娃，（便是六指，父亲死后，不愿意旁人这样称呼，自己首先改喊么娃。）么娃还没有订媳妇，承继在伯伯底下，做媒的也就多些。但是，那方再三拘执，这边也就不便过于坚持了：勉强拿得去，不喜欢，有什么好处。而且这也使爸爸睡在土里心安：一个大点儿子，妇人家照顾不了，跟着伯伯，只要不太蠢，读书是一定的。

小松时常挨打，因为他不大听妈妈的话。妈妈嘱咐他不要再喊伯伯，他老是喊伯伯；吃饭算是不偷偷跑回的了，睡觉，便打死他他也不去。"这样好像长了刺的，怎么能讨人家的欢喜呢？一年长到这么高，衣服都小得不合式，爸爸的拿来改做，又糟踏了材料，——放亲热一点，也许人家不阻拦伯伯，一年多做一两套。"妈妈平常这样说。

渗透了我的心灵的零零碎碎的报告，叫我见了小松只管从头到脚细细的端详，竟忘记了打断他们的游戏，待到让他们再来，他们又都没有以前的精神，一个一个的跑散了。而我还是纠着小松：

"跟我去看画么？我有好多画。"

"不，妈妈就喊吃饭，——今天送阿姐，抬轿的上街转头就吃。"

我的母亲把我同阿六唤回了。

吃过早饭,我们家人团着方桌,叙谈的便是淑姐回家的事,——后门口传来"冯奶""冯奶"的声音了,这便是淑姐辞行。母亲和妻都迎上前去;我迟疑了一会,"去呢不去?"忖着快要上轿了,假装喊叫阿六站在离轿十四五步的地方。淑姐穿的是大红缎子裙,绿湖绉棉袄,依依不舍的贴着么娃的脸,说些什么。小松伸起脖子望着阿姐,仿佛是不认识一般。妈妈裹着包头,喊么娃不要牵着阿姐。送客,我的母亲和妻之外,是细女的妈妈,手牵着细女,还有一位同我年纪相仿的姑娘,大约是妻时常告诉我的细女的姐姐,名叫贞姐。话要算我的母亲的最多;轿夫催着上轿的时候,妻才也跑上前挽住么娃,么娃哇的一声惊到半天云里去了,——妈妈姐姐,也各自揩着眼角。阿六呆呆的站在我的面前;至于我自己,怀着难得再见的私心,而且映了一幅严肃的图画,令我终身不忘。淑姐倘若瞥见了,也有时忆起这一晨近在咫尺而没有闲暇留意到的故人罢。

妈妈抱住么娃,请大家进屋;我的母亲想是不待请的;细女的妈妈似乎是托词有事,牵着细女回自己的家。细女戴一顶牛角帽,癞疮好了没有,不得而知,我的看不起的心情却大大改变了,眼巴巴的望着她母子两个的后影。阿六又拉小松一路跑去玩；妻同那姑娘肩摩肩的谈话；我只好单独告退了。

我同妻站在后门口等候母亲。那姑娘果是贞姐，从小许了妻的一位本家，明年就要出嫁，女婿早年过了门。

"你们乡下不配有这样的媳妇！"

"好的都是我乡下的。你们街上只配癞疥！"

"那么，你也是癞疥了！"

妻笑了。

"近来贞姐可糟踏贵本家没有呢？"

"中秋节还同妈妈大吵一场哩。那边买些糕点，亲自用篮子送来，她趁妈妈不看见，撕成细片！妈妈骂她不懂事，'种田的难道就不是人？'"

"她妈妈从前不也说睄不起这位令婿吗？"

母亲回来了。号哭的声音突然惊住我握着母亲的手的欢喜了！哭女儿，哭女儿的爸爸。

新年过了三天，我第一次打开后门望望——小松两弟兄也正在他门口，帽子，鞋子，马褂，都鲜艳夺目，赛过了我家同李家新贴的红纸对联。哥哥交道弟弟放洋枪；我捱近去：

"六——么娃也会吗？"

小松立刻帮着装子弹，立刻是火柴一般的光响，——这便是到我写这篇文章为止，小松，么娃给我最后的印象了。

一九二三,十二,七，脱稿。

初 恋

我那时是"高等官小学堂"的学生,在乡里算是不容易攀上的资格,然而还是跟着祖母跑东跑西,——这自然是由于祖母的疼爱,而我"年少登科",也很可以明白的看出了。

我一见她就爱;祖母说"银姐",就喊"银姐";银姐也立刻含笑答应,笑的时候,一边一个酒窝。

银姐的母亲是有钱的寡妇,照年纪,还不能陪着祖母进菩萨,正因为这原故,她进菩萨总要陪着祖母。头一次见我,摸摸我的脑壳,"好孩子!谁家的女婿呢?"我不是碍着祖母的面子,直要唾她不懂事:"年纪虽小,先生总是一样!"待到见了银姐,才暗自侥幸:"喜得没有出口!"

我们住在一个城圈子里,我又特别得了堂长的允许下课回来睡觉,所以同银姐时常有会面的机会。

一天，我去银姐家请祖母，祖母正在那里吃午饭，观音娘娘的生期，刚刚由庵里转头。祖母问，父亲打发我来呢，还是母亲？我说，天后宫的尼姑收月米，母亲不知道往年的例。

"这算什么了不得的事呢，叫我！"

我暗自得计，坐在银姐对面的椅子上。银姐的母亲连忙吩咐银姐把刚才带回的云片糕给我，拿回去分弟弟。我慢慢的伸手接着，银姐的手缓缓的离开我，那手腕简直同塘里挖起来的嫩藕一般。

银姐的母亲往天井取浴盘，我装着瞧一瞧街的势子走出去，听得泼水的声响又走进来，银姐的母亲正在同祖母咕嗫："人家蠢笨的，那知道这些躲避！"我几乎忍不住笑了，同时也探得了她们的确实的意见：阿焱还是一个娃娃。

早饭之后，我跑进银姐的家，银姐一个人靠着堂屋里八只手，脚踏莲花的画像前面的长几做针黹。我好像真个不知道：

"我的祖母在不在这里呢？"

"同妈妈在后房谈话。"银姐很和气的答着。

话正谈得高兴，祖母车转头："啊，今天是礼拜。"银姐的母亲也偏头呼喊一声："银儿，引哥儿到后院打桑葚。"

后院有一棵桑树，红的葚，紫的葚，天上星那样丛密着。银姐拿起晾衣的竹竿一下一下的打，身子便随着竿子一下一下的弯；珊珊的落在地上，银姐的眼睛矍矍的忙个不开：

"拣！焱哥哥！"

只有"焱哥哥"到我的耳朵更清脆，更回旋，仿佛今天才被人这样称呼着。

我蹲下去拣那大而紫的了。"用什么装呢？"一手牵着长衫的一角…………

"行不得！涂坏了衣服！"

荷包里掏出小小的白手帕递过我了。

中元节是我最忙的日子，邻舍同附近的同族都来请我写包袱。现在，又添了银姐一家了。远远望见我来，银姐的母亲笑嘻嘻的站在门口迎接着，（她对于我好像真是疼爱，我也渐渐不当她是泛泛的婆子。）仿佛经过相公的手，鬼拿去也更值钱些。墨同砚池都是银姐平素用来画花样的；笔，我自己早带在荷包；说声"水"，盛过香粉的玻璃瓶，早放在我的面前了。

"好一个水瓶！送给我不呢？"

"多着哩，只怕哥儿不要。"银姐的母亲忙帮着答应。随又坐在椅子上拍鞋灰:"上街有事,就回。"

"哈哈!这屋子里将只有我同银姐两个了!"

屋子里只有我同银姐两个了,银姐而且就在我的身旁,写好了的包袱她搬过去,没有写的又搬过来。我不知怎的打不开眼睛,仿佛太阳光对着我射!而且不是坐在地下,是浮在天上!挣扎着偏头一觑,正觑在银姐的面庞!——这面庞呵,——我呵,我是一只鸟,越飞越小,小到只有一颗黑点,看不见了,消融于大空之中了…………

我照着簿子写下去,平素在学堂里竞争第一,也没有今天这样起劲,并不完全因为银姐的原故,包袱封裹得十分匀净,(大约也是银姐的工作罢。)笔也是一枝新的,还只替自己家同一位堂婶子写过,——那时嫌太新,不合式。写到:

故显考……冥中受用

孝女…………化袱上荐

我迟疑了:我的祖父是父亲名字荐,我的死去了的堂叔是堂兄名字荐,都是"孝男",那里有什么"孝女"呢?——其实……

"故曾祖","故祖"底下,又何尝不是……"孝曾孙女","孝孙女"?

我写给我的祖父,总私自照规定的数目多写几个,现在便也探一探银姐的意见:

"再是写给你的爸爸了。"

银姐突然把腰一伸,双手按住正在搬过来的一堆:

"哪,——簿子上是什么记号呢?"

"八。"

"十二罢。"

银姐的母亲已经走进门来了。买回半斤蜜枣,两斤蛋糕,撒开铺在我的面前。银姐立刻是一杯茶,也掏枚蜜枣放在自己的口里:

"妈妈,来罢!不吃,焱哥哥也不吃。"

有月亮的晚上,我同银姐,还杂着别的女孩,聚在银姐的门口玩。她们以为我会讲洋话,见了星也是问,见了蝙蝠也是问,"这叫什么呢?"其实我记得清楚的,只不过 wife, girl, ……之类,然而也不能不勉强答应,反正她们是一个不懂。各人的母亲唤回各人的女儿了,剩下的只有我同银姐,(银姐的母亲知道在自己门口；我跟祖母来，自然也跟祖母去。）我的脚指才舒舒的踏地，不然，真要钩断了："还不滚！"银姐坐在石阶的上级，我站在比银姐低一级；银姐望天河，我望银姐的下巴。我想说一句话，说到口边却又吞进去了。

"七月初八那一日，我大早起来望鸦鹊，果然有一只集在桑树……"

"羽毛蓬乱些不呢？"

"就是看这哩。倒不见得。"

"银姐！……"

"怎么？"

"我——我们两个斗嘴……"

"呸！下流！"

我羞到没有地方躲藏了。

这回我牵着祖母回家，心里憧憧不安："该不告诉妈妈罢？"——倘在平时，"赶快！赶快把今天过完，就是明天！"

这已经是十年的间隔了：我结婚后第一次回乡，会见的祖母，只有设在堂屋里的灵位；"奶奶病愈勿念"，乃是家人对于千里外的爱孙的瞒词。妻告诉我，一位五十岁的婆婆，比姑妈还要哭的利害,哭完了又来看新娘,跟着的是一位嫂嫂模样的姐儿,拿了放在几上的我的相片,"这是焱哥哥吗?"

"啊…………"

一九二三,十二,十,脱稿。

阿 妹

阿妹的死,到现在已经是四年前的事了,今天忽然又浮上心头,排遣不开。

冬天的早晨,天还没有亮,我同三弟就醒了瞌睡,三弟用指头在我的脚胫上画字,我从这头默着画数猜。阿妹也在隔一道壁的被笼里画眉般的叫唱:"几个哥哥呢?三个。几个姐姐呢?姐姐在人家。自己呢?自己只有一个。"母亲搂着阿妹舐,我们从这边也听得清楚。阿妹又同母亲合唱:"爹爹,奶痛头生子;爷和娘痛断肠儿。"我起床总早些,衣还没有扣好,一声不响的蹲在母亲的床头,轻轻的敲着床柱;母亲道,"猫呀!"阿妹紧缩在母亲的怀里,眼光灼灼的望着被,——这时我已伸起头来,瞧见了我,又笑闭眼睛向母亲一贴,怕我撕痒。

阿妹的降生,是民国元年六月三十日;名字就叫做莲。那时我的外祖母还健在；母亲已经是四十五岁的婆婆了，一向又多病，挣扎着承担一份家务，——父亲同两叔叔没有分家，直到阿妹五岁的时候。听说是女孩，外祖母急急忙忙跑上街来，坐在母亲的床沿，说着已经托付收鸡蛋的石奶奶在离城不远的地方探听了一个木匠家要抱养孩子做媳妇的话。母亲也满口称是，不过声音没有外祖母那样宏大，——怎宏大得起来呢？我慌了，两只眼睛亮晶晶的望着外祖母；外祖母也就看出了我的心事，"那边的爹爹说也是教蒙书的哩！"我的妹妹要做木匠的媳妇，自然是使我伤心的重要原因，然而穿衣吃饭不同我在一块，就是皇帝家宰相家，我也以为比我受苦，何况教蒙书，——至多不过同我的先生一样，而且说是爹爹，则爸爸可想而知了。外祖母把我当了一个大人，我的抗议将要影响于她的计划似的，极力同我诘难，最后很气忿的说一句，"那么，阿母是劳不得的，尿片请你洗！"我也连忙答应，"洗！洗！"

这天晚上我上床睡觉，有好大一会没有闭眼。这木匠我好像很熟，曾经到过他的村庄；在一块很大的野原——原上有坟，坟头有嵌着二龙抢珠的石碑——放着许多许多的牛，牧童就是阿妹，起初阿妹是背着我来的方向坐在石碑下抠土，一面还用很细很细的声音唱歌，听见我的衣服的擦擦，掉转头来看，一看是我，赶忙跑来伏在我的兜里，放声大哭，告诉我，褂子是姐姐在家不要的纱绿布做的，木头上刨下的皮，她用来卷喇叭，姑姑打她，说她不拿到灶里当柴烧。我说，"我引你回去，不要哭。"然而我自己……

"焱儿！焱儿！妈妈在这里！"

我的枕头都湿了。

其实我只要推论一下，外祖母的计划是万万不行的：爸爸在学务局办事，怎能同木匠做亲家呢？有饭吃的把女儿给人家抱养，没有饭吃的将怎样呢？外祖母没有瞧见母亲怀里的阿妹罢了，第三天抱出来拜送子娘娘，那由得外祖母不爱呢？

然而我同阿妹都因此吃了不少的亏。我有什么向母亲吵，母亲发恼，"还说你洗片！"我也就不作声了。阿妹有什么向母亲吵，母亲发恼，"当初该信家婆的话，送把木匠！"阿妹也就惧怕了。

我的祖父不大疼爱我的母亲，母亲生下来的孩子，也都不及婶娘的见爱。比阿妹大两岁的，有三婶娘的阿八，小一岁的有阿九。每天清早起来，祖父给阿八、阿九买油条，正午买包子；

一回一人虽只一个，三百六十日却不少一回。阿妹呢，仿佛没有这么一个孩子，——说因为女儿罢，二婶娘的阿菊，比无论那一个孩子也看得贵，现在是十五岁的姑娘了，买包子总要照定额加倍。阿妹有时起得早，无意走出大门，卖油条的老吴正在递给阿八同阿九，告诉祖父道（祖父的眼睛模糊得看不清人），"阿莲也站在这里哩。"阿妹连忙含笑答应，"我不欢喜带油气的杂粮。"随又低头走进门了。

祖父欢喜抱孩子游街，右手抱了一个，左手还要牵。吃过早饭，阿妹同阿八，阿九在院子里玩，把沙子瓦片聚拢一堆做饭；做得懒做的时候，祖父自然而然的好像是规定的功课走了出来，怀抱里不消说是阿九，牵着的便是阿八。阿妹拍拍垃圾，歌唱一般的说得十分好听，"爹爹呵，把阿九抱到城外，城外有野猫。"祖父倘若给一个回答："是呵，阿九怪吵人的！"阿妹真不知怎样高兴哩。阿妹这时只不过四岁。

驯良的阿妹，那有同阿八，阿九开衅的事呢？然而同阿八吵架，祖父说，"阿八是忠厚的，一定是阿莲不是！"同阿九吵架，祖父又说，"阿九是弟弟，便是抓了一下，阿莲也该让！"阿妹只得含一包眼泪走到母亲那里去，见了母亲便呜呜咽咽哭起来

57

了。母亲问清了原因,"这算什么了不得的事呢?值得哭!"阿妹的眼泪是再多没有的,哭起来了不容易叫她不哭,自己也知道不哭的好,然而还是一滴一滴往下掉;母亲眉毛眼睛皱成一团,手指着堂屋,意思是说,"爹爹听见了,又埋怨阿母娇养!"

我第一次从省城回乡过年,阿妹也第一次离开母亲到外祖母家去了。到家第二天,我要去引回阿妹;母亲说,"也好,给家婆看看,在外方还长得好些。"阿妹见了我,不知怎的又是哭!瓜子模样的眼睛,皲裂的两颊红得像点了胭脂一般,至今犹映在我脑里。外祖母连忙拉在怀,用手替她揩眼泪,"乖乖儿,那有这样呆呢?阿哥回了,多么欢喜的事!"接着又告诉我,"这个孩子也不合伴,那个孩子也不合伴,终日只跟着我,我到菜园,也到菜园。"当天下午,我同阿妹回家,外祖母也一路上坝,拿着包好了的染红的鸡蛋,说是各房舅母送把阿莲的,快要下坝了,才递交我,"阿莲呵,拜年再同阿哥来。"抚着阿妹不肯放。阿妹前走,我跟着慢慢的踏;转过树丛就是大路了,掉头一望,外祖母还站在那里,见了我们望,又把手向前一招。由外祖母家上街,三里路还不足,我闭眼也摸索得到。我同哥哥姐姐,从小都是赶也赶不回,阿妹只住过这一趟。后来母亲哭外祖母,总连带着哭阿妹,"一个真心的奶奶,儿呵,你知道去亲近罢。"

阿妹从周岁便患耳漏,随后也信了乡间医生的许多方药,都不曾见效。父亲每天令三弟写一张大字,到了晚上,阿妹就把这天的字纸要了来,交给母亲替她绞耳脓。阿哥们说,"滚开罢!怪臭的!"她偏偏挨拢来;倘若是外人,你便再请她,她也不去。

在阿妹自己看来,七年的人世,感到大大的苦恼,就在这耳朵。至于"死",——奇怪,阿妹很小很小的时候,就知道这件事,——仿佛,确实如此,很欣然的去接近,倘若他来。母亲有时同她谈笑:

"阿莲,算命先生说你打不过三,六,九。"

"打不过无非是死。"

"死了你不怕吗?"

"怕什么呢。"

"你一个人睡在山上,下雨下雪都是这样睡。"

阿妹愕然无以对了。

有一天晚上,我们大家坐在母亲房里,我开始道:

"阿莲,省城有洋人,什么病也会诊,带你去诊耳朵好不好呢？"

女孩子那里会上省呢？聪明的阿妹，自然知道是说来开玩笑的，然而母亲装着很郑重的神气：

"只要诊得好，就去。爸爸是肯把钱的。"

"怎么睡觉呢？"三弟说。

"就同焱哥。"阿妹突然大声的说。

我们大家哈哈的大笑，阿妹羞得伏在母亲兜里咬衣服了。

阿妹呵，阿哥想到这里，真不知怎样哭哩。

谈到我自己，唉，六岁的时候，一病几乎不起，父亲正是壮年，终日替公家办事，母亲一个人，忙了厨房，又跑到房来守着我。现在阿妹的死，总括一句，又是为了我的原故了。

五年的中学光阴，三年半是病，最后的夏秋两季，完全住在家。母亲的忧愁，似乎还不及父亲。父亲的正言厉色，谁也怕敢亲近；见了我，声音变小了，而且微笑着。母亲牵着阿妹从外回来，"人都说阿莲一天一天的憔悴了哩。"父亲那里能够听见呢？母亲说说也就算了。阿妹的眼泪，比从前更多，动不动就哭，又怕父亲发恼，便总说腹痛，——倘若真是腹痛，为什么哭完了痛也完了呢？我的父亲向来不打我们，我们使得他恼，从脸色可以看得出来，好像天上布满了乌云；——自然，这比打还厉害，打了我们哭，哭了什么也没有了，关在心里害怕，是多么难过。父亲的恼，并不问我们有理无理；自己不顺畅，我们一点触犯，便是炮燃了引，立刻爆发。一天，母亲呼唤阿妹吃午饭，阿妹为了什么正在那里哭；母亲说（母亲也是怕父亲的），"阿莲那孩子又是腹痛！"父亲一心扒饭，我的脚指钩断了："阿莲，不哭了罢！"阿妹慢慢走来了，眼角虽然很红，眼泪是没有的，我便安心的吃。阿妹扒不上两口，又在掉眼泪！我首先瞧见，——父亲也立刻瞧见了！阿妹瞄一瞄父亲，不哭却大哭。父亲把筷子一拍，拉阿妹到院子里毒热的太阳底下，阿妹简直是剥了皮的虾蟆，晒得只管跳。末了还是二姑母从婶娘那边来牵过去。

阿妹失掉了从前的活泼，那是很明显的。母亲问，"不舒服吗？"她却说不出那里不舒服；"怎不同阿八，阿九一路去玩呢？"她又很窘的答应，"不要玩也要我玩！"是正午，母亲把藤椅搬到堂屋，叫我就在那里躺着，比较的凉快。我忽然想吃梨子了，母亲一时喊不出人来去买，两眼望着阿妹，阿妹不现得欢笑，但也不辞烦，从母亲掌里接下铜子。我以为一手拿一个，再轻便没有的事，便也让阿妹去了。阿妹穿一件背褡，母亲还给一把芭扇遮太阳；去走后门——后门到街近些，回来却是进前门，正对我躺着的方向，刚进门槛的时候，那只脚格外踏得重，扇子也从头上垂下来。梨子递过我，吁吁的坐在竹榻，要哭不哭，很是难过的神气。母亲埋怨，"谁叫你近不走走远呢？"阿妹的眼泪经这样一催，不住的往下滚了，而且盛气的嚷着，"后门坦里都是太阳！前街靠墙走，不晒人些！"

阿妹这时，明明是痨病初萌，见了太阳，五心烦躁了。

阿妹渐渐好睡。母亲吃完饭，到客房来陪我坐，"阿莲那孩子又去睡了罢？"走去看，果然倒在床上。母亲埋怨，"刚刚吃过饭！再叫腹痛，是没有人管的！"阿妹并不答应。母亲轻轻用手打她，突然很惊讶的一声，"这孩子的脚是那有这么光！肿了吗？……乖乖儿，起来！"阿妹这才得了申诉似的慢慢翻着身子，让母亲摸她的脚。

父亲引来了医生给我看脉，母亲牵着阿妹向父亲道，"阿莲怕也要请先生瞧瞧。"父亲眉毛一皱，"真是多事！""可不是玩的！看她的脚！"母亲又很窘的说。医生反做了调人，"看看不妨。"父亲也就不作声了。我们当时都把这位医生当作救星，其实阿妹的病一天沉重一天，未必不是吃坏了他的药。他说阿妹是疟疾；母亲说，"不错，时常也说冷的。"七岁的阿妹，自然是任人摆布，而且很有几分高兴；药端在她的面前，一口气吞下去，并不同我一样，还要母亲守着喝干净。傍晚，我们都在院子里乘凉，父亲提两包药回来，我看了很觉得父亲可怜，妒忌似的觑着阿妹，"这也赶伴儿！"阿妹把头向我一偏，又是要哭的神气，"就只替你诊！"待到母亲说她，"多么伶俐的孩子，玩笑也不知道。"果然低头掉了两颗眼泪了。

憔悴的阿妹，渐渐肿得像刮过了毛又粗又亮的猪儿一般；然而我并不以为这样就会死的，晚上睡觉，心想，"明天清早起来，总细小的多。"父亲趁着阿妹一个人躺在床上的时候，跑进房来探望；母亲差不多终日守在旁边，——现在有了嫂子照料厨房的事了。阿妹的食量并不减少，天气又非常热，所以也间或走到客房坐坐。我看了阿妹从门槛这边跨到那边，转过身来不出声的哭；哭了，自己的患处也更加疼痛，虽也勉强镇静下去，然而瞒不过父亲，吃饭的时候，一面吃，一面对着我端详。

那天间壁祠堂做雷公会，打鼓放炮，把阿八，阿九都招进去了。阿妹向来就不大赶热闹，现在那里还想到出去玩的事？

然而父亲再三要母亲引阿妹去。父亲的意思，我是知道的，走动一下，血脉也许流通些。我望着阿妹走也走不动的样子，暗地里又在哭，——却没有想到阿妹走到大门口突然尖锐的喊叫起来了！门槛再也跨不过去，母亲说抱，刚刚搂着，又叫身子疼。这是阿妹最后一次到大门口了。

母亲到了不得了的时候，总是虔心信托菩萨，叮咛阿妹一声，"儿呵，我去求斗姥娘娘，一定会好的！"便一个人匆匆走出城。父亲也想他的救济方法去了。哥哥虽然放假回家，恰巧同嫂嫂回到嫂嫂的娘家。留在家里陪阿妹的，只有三弟同我。阿妹的眼睛老是闭着，听了堂屋的脚步声才张开，张到顶大也只是一条缝。

"妈妈还不回！"

"要什么呢？我给你拿。"三弟伏在床沿说。

"不要什么。"阿妹又很平和的答着。

父亲进房来了。我从向着天井的那门走出去，站在堂屋里哭。三弟也由后廊折进来，一面用手揩眼泪。

母亲回头了。

菩萨的药还在炉子上煎，阿妹并不等候，永远永远的同我们分别了。过三天，要在平常，就是我们替她做生的日期。

人们哄哄的把阿妹扛走了。屋子里非常寂静，地下一块块残剩的石灰，印着横的直的许多草鞋的痕迹。父亲四处找我，我站在后院劈柴堆的旁边；找着了，又唤三弟一齐跟着二姑母到二姑母家去，——二姑母就住在北门。二姑母留我们吃午饭，我偷偷的跑了，三弟随后也追了来。我们站在城墙根的空坦上，我说：

"黄昏时分，要给妹妹送乳，你到篾匠店买一个竹筒，随便请那一位婶子，只要有，挤一点乳盛着，我们再弯到舅母家去，请舅母叫人扭一捆稻草做烟把，然后上山。"

"现在回家去不呢？"

我已望见沿城的巷子里走来一个人，"那不是泉哥吗？"果然是阿姐得了消息打发泉哥上街来了。我同三弟好像阿妹再生一样的欢喜着，欢喜得哭了。三弟牵着泉哥回家。我们有话再可以向泉哥讲；父亲再也可以躺在椅子上歇一歇；接连三夜，阿妹在山上吃的，喝的，照亮的，也都是泉哥一手安置的了。

头几天，父亲比母亲更现得失神；到后来，母亲却几乎入魔了：见了阿九拉着，见了阿九的更小的妹妹也拉着，"你知道阿莲到那里去了不呢？"意思是，小孩子无意间的话，可以泄露出阿妹的灵魂究竟何在。阿九说，"在山上，我引伯母去。"阿九的妹妹连话也听不懂，瞪着眼睛只摆头。洗衣婆婆的女孩每天下午送衣来，母亲又抱在怀里不肯放；阿妹的衣服，一件一件的给她穿，有一件丝布棉袍，阿妹只穿着过一个新年，也清检出来，说交给那孩子穿来拜年；三弟埋怨，"这不比那破衲的！拜年！中秋还没有过哩！"

阿妹死后第四十九日，父亲一早起来买半块纸钱，吃过饭，话也不讲，带着三弟一路往山上去。回来，我问三弟，在山顶呢，还是在山中间？三弟说，在山顶的顶上，站在那里，望得见城墙，间壁祠堂的垛子，也可以望得清楚。还告诉我，他点燃了纸钱跪下去作揖，父亲说用不着作揖，作揖也不必跪。又说，他哭，父亲不哭，只说着"阿莲呵，保佑你的焱哥病好"的话，——我全身冷得打颤了。

我至今未到阿妹的坟前，听说母亲嘱泉哥搬了一块砖立在坟头，上面的镌字是三弟写的。

1923 年 12 月

火神庙的和尚

金喜现在已经是六十岁的和尚了，王四爹的眼睛里恐怕还是那赤脚癞头一日要挑二十四担水灌园的沙弥哩，——这位老爹，三十年前就不大看得清楚人。

金喜第一次在街上出现，就是拄一根棍子站在王四爹门口，给王四爹的狗拣那裤子遮掩不到的地方咬去了一块肉，王四爹可怜他，才把他荐到火神庙做徒弟。

冬天，吃过早饭，王四爹照常牵一大群孙子走来庙门口晒太阳，几十步以外就喊金喜，金喜也啊的一声跑将出迎接。金喜见了王四爹，小到同王四爹的孙子一般小了："爹爹，孩儿的面庞一点也看不见吗？"可惜王四爹实在是看不见，金喜的嘴巴笑张得塞得下一个拳头。

王四爹有时倒在椅子上睡午觉，小猴儿们抓胡子的抓胡子，牵长褂角的牵长褂角，非把老爹吵得站起来，不肯放手；站起来了，猴儿们就算不再吵，王四爹自己也是要走的了。金喜从楼上硼憧硼憧的下来，一个孩子塞一掌五香糖豆，这却喜得王四爹看不见，不然，孩子会哭，金喜的面子也要扫一层光：豆子霉得长了许多的绿斑斑！——王四爹不怕他的孙子吃下去坏肚子吗？然而金喜总不能不说是一番苦心：从正月初一起，有人上庙许愿，买给菩萨面前的贡果，都一碟一碟的攒积在罐头。

金喜上街割肉，一年也有三回，都是割给王四爹煨汤的。要在别个，一定免不了屠户的盘问："和尚哭荤呵！"——屠户也并非关心风化，这样一恐吓，可以多搭几块骨头罢了。然而金喜，谁也敬重他的修行，把钱交货，提在手上撞过正街。

王四爹是决不让金喜空篮转头的：端午，中秋装些糯米粑；年节，粑不算，还要包一大包炒米。金喜万万想不到这许多的回礼，而且照他的意见，这在来世都是偿还不清的债，——拿回到窗户底下瞧了一瞧，却又等耐不得平素煮饭的时分了。大米饭，一餐五海碗；粑，今天完了明天没有，节省一点也要十二个。炒米无论如何不肯尝，像那盛着五香糖豆的罐头，楼上共是三四罐，一罐便是炒米。

霉雨时节，腰背酸疼，金喜一个人躺睡在床上；虽也明知道吃了当年挑水的亏，然而不敢这样想，这样想便是追怨师父，罪过。楼上唧吱唧吱的响；"老鼠！又是老鼠！小女那个贱东西，整日不在家，白白的买鱼她吃！"庙里有一匹女猫，——这也是金喜的一番苦心，女猫下儿，邻舍的，尤其是王四爹的猫不见了，捉一匹去，多么方便，——名字叫做小女，吃饭，除了菩萨她当先，肚子满了又出去，不是找男猫，便是探听猫儿在那一家给他们哺乳。金喜闭着眼睛翻来翻去，最后还是翻起来踏上楼看一看。果然，罐头都没有以前密合。伸手摸炒米，"浅了好些哩！"搂下楼来，橱柜里拿出升筒量着，"足足要少半升！"一面量，一面抓一把到嘴，——这天中午便用不着煮饭，咀嚼着如同破絮一般的炒米，就算少了，也有四升半，另外还有泥壶里一满壶茶。

　　终日伴着金喜的，菩萨之外只有小宝——金喜的狗。小宝也并不是不出去逛，听了金喜的一声唤，立刻又摇头摆尾的窜到金喜的面前。庙门口时常聚着许多狗打架，小宝也羼在里面，然而他老是吠出金喜来帮忙。金喜向着别的狗掷一块石头，同时也给小宝一顿骂；倘若是小宝嗅着别的狗的尾巴，那便先掷小宝，再把被嗅的狗仔细一端详，随后遇见了，就拣起石头来掷，不准拢到庙的近旁。有时正在煮饭，听见门口打狗的喧闹，以为又是那油榨房放牛的小家伙在欺小宝，然而非得滤完了米不能够出来，——出来却是小宝同那一匹狗在那里屁股挨屁股！一群放学的孩子，有的拍掌喝采，有的拿着竹篙当着两个屁股中间斫。小宝见了金喜，越是吠得利害，然而金喜那里还来帮忙，从孩子的手上接过竹篙，——两个屁股却已分开一溜烟跑了。

六月天，个个狗生虱，小宝蓬得像狮子一样的毛发虽也稀疏了不少，然而光泽，这就因为小宝也天天洗澡。出庙是坦，临坦是城墙，墙那边横着一条小河。太阳西斜到树梢了，金喜穿一双草鞋，捏一把芭扇；小宝飞奔在前面，颈上的铜铃，叮当叮当的，一跑跑到河沿，金喜还落后好远，便又跑转头来。金喜站在河中间，对着岸上的小宝招；小宝前两只脚伏地，后两只随着尾巴不移地的跳，金喜催一声快，已经跳下了水，仅仅现出来一个黑脑壳。金喜把芭扇插在背后的裤腰，从荷包里掏出篦子，一下一下的替小宝梳：小宝偶然一动弹，喷得金喜满脸是水，金喜喝他一声，再动便是一巴掌。

金喜自己也洗完了澡，端条板凳坐在门口乘凉；小宝尾巴垫着后腿，伸出舌头来吁吁的喘气。那油榨房的牛都在沿着城根吃草；放牛的是两个十四五岁的顽皮孩子，刚刚从城门洞的石条上醒了瞌睡，预备牵牛回家，见了小宝，迎面就是一块石头。金喜很叹惜似的骂道，"老板请了你们，没有不倒霉的！牛老放在一个地方，那里有这些草吃？"其中一个，一面解散缠在牛头上的索，一面唱山歌："和尚头，光流流，烧开水，泡和尚的头。"接着又喊，"师父不要见怪，我是说我的这个癞头。"那一个确乎光得一根头毛也没有。金喜依然是关在心里叹惜，小宝却已气愤愤的打上阵了。

金喜自己每天也要进四次香。第一次是贡水给菩萨洗脸；二次三次，早午贡饭；最后一次，便是现在这黄昏时分请菩萨睡觉。像这六月炎天，皂布道袍，袖子拖到地下，也一个个扣子扣好；袜却不穿，因为师父曾经教过他，赤脚可以见佛。有时正在作揖，邻近的婆子从门口喊道，"师父！我的鸡窜到你的菜园没有？——怎的，今天上埘少了一只！"金喜好像没有听见似的，跪了又爬起来，爬起来又跪；脱下了袍子，才盛气的啐她一顿，"进香也比别的！打岔！"

天上是许多星；夜风吹布草气息，夹着些微的湿意；野坂

雅读

里虾蟆的叫声，如同水泡翻腾腾的，分不清这个和那个的界线；城门洞横着四五张竹榻，都是做工的伙计特为来赶凉快。只有金喜，拜了菩萨就关在家给蚊子咬，然而到现在已经是二十年的习惯了。

二十年前，正是这样一个晚上，还添了一轮月亮，不过没有小宝。坦，望去好像是一大块青苔，金喜坐在上面，脑壳弯到膝头——幽幽几阵风吹得入睡了。忽然一仰，眼睛也就一张开，——"那不是两个人吗？"是的，一个面着城墙，黑头白身，还正在讲话，女人的声音！那一个似乎是赤膊，下身也是白的。金喜明白了，左望不是，右望也不是；抬头，一片青天，点缀着几朵浮云，——好大的镜子呵！一，两，不是他们的倒像吗？金喜头上也有一朵哩。月亮已经射不过屋顶，坐的又是矮凳，远远看来，一只没有归寨的狗，然而金喜以为他将惊动他们了，伏到地下同草一样高才好。白的动了，——远了，——消融于月色之中了……

"就算他们不知道是我，我不已经看见了他们吗？……十年的修行！……坏种！那里不准你们到！到庙门口！"

金喜三十年接不了一个徒弟。两枝一斤的蜡烛，前后化费了四五对，菩萨面前红光闪闪的替他们落发，待到缝了满身新衣（来的时候只有一身皮），人走了，大菩萨脚下的小铜菩萨也跟着一齐失踪。一天，王四爹很怜恤的说道，"年纪现在也不小，——倘若有一个不测，难道靠小宝报信不成？请个老头子做做伴儿。"这一段话，正中了金喜的心坎；自己好久就像有话要向王四爹讲，讲到别的事件头上又忘记了。

"还是爹爹替孩儿想得周到。文公祠的老张听说辞退了，把他请来，他横竖是闲着，料也只要一碗饭吃。"

第二天下午老张进庙了，六十八岁的胡子，识得一满肚子字，带来的一床被，一口篾箱，箱子里几件换洗衣服同四五本歌本。

金喜为了"字"，曾经吃苦不少。庙里平素的进款，全在乎抽签；签上从一到百的号码，当年烦了王四爹的大相公坐教了三天，自己又一天一天的实习下去，可以说是一见便知了，然而乡下的妇人接了签还要请师父念，不会念，在金喜固然不算是失了体面，二十文大钱却来得慢的多了。现在，有了老张，不请他，他也要高声的诵给你听，金喜真不知怎样的欢喜。

金喜的旧例：那天的进款超过一百五十，那天中午饱吃一顿豆腐。火神不比城隍主宰，东岳大帝广于招徕，金喜每月吃豆腐的机会，靠的也就只有朔望两日了。添了老张，发签自然更快，抽签的却不见更多，要想两个肚子都饱，豆腐里面不得不和着白菜，——白菜只用拿刀到菜园去割。热气勃勃的一大钵端在桌上，金喜一手是匙，一手是箸，围抱着好像一个箩圈，占去了桌子的一半，"张爹，请！"剩下的只有汤了，还没有看见老张请，金喜这才偏头一瞥——老张眼睛望钵，嘴唇打皱，两只手不住的贴着胯子只管抓！

"张爹！你怎的？——长疮吗？"

老张不长疮，金喜那能够一个人吃一钵豆腐？豆腐已经完了，却又虑到长了疮不会做事，——老张在文公祠革职，原因就是不会做事。

老张的不会做事，一天一天的现露出来了。桶子的米，比以前浅得更快；房子好像也更小，动不动鼻子撞鼻子，——另外有什么好处呢？

金喜天光起床，——老张还正在被笼里抓痒——打开大门，暗黑的佛殿，除了神座，立刻都涂上一层白光；要在平时，首先是把天井里的炮壳打扫得干净，然后烧一壶开水，自己洗了脸，端一杯贡菩萨，——现在，从门口到厨房，从厨房到菜园，焦闷得脑壳也在痒，声音却勉强舒徐着：

"张爹，卖菜的一个个都进了城门。"

"这么早那就有人买？"

"这么早！——你到底起来不起来？"

"啊，我，——起来了。"

"起来，怎么不出来呢？"

其实金喜索性自己动手的好，——那一件又不是自己重新动手呢？扫地，简直是在地上写"飞白"；烧柴，金喜预备两餐的，一餐还不够；挑水回来，扁担没有放手，裤子已经扯起来了。

然而老张的长处依然不能埋没。这是四月天气，乡下人忙，庙里却最清闲。老张坐在灶门口石条上，十个指甲像是宰了牲口一般，鲜血点点的；忽然想起替代的方法了，手把裤子一擦，打开篾箱，拿出一本歌本，又坐下石条，用了与年纪不相称的响亮的声音慢慢往下唱。金喜正在栽午觉，睡眼蒙眬的：

"张爹！有人抽签哪？"

"抽签！——几时抽了这么多的签？"

"你念什么呢？"

"歌本。"

"啊,歌本。——拿到这边来,我也听听。"

老张没有唱,也不是起身往金喜那边去,不转眼的对着歌本的封面看;慢慢说一句:

"这个——你不欢喜。"

"醒醒瞌睡。"

接着又没有听见老张的声音。金喜的瞌睡飞跑了,盛气的窜到灶门口:

"我识不得字,——难道懂也不懂吗?"

老张就是怕的金喜懂;他唱的是一本《杀子报》,箱子里的也都不合式,曾经有一本《韩湘子》,给文公祠的和尚留着了。

金喜接二连三的说了许多愤话,老张恼了,手指着画像:

"你看!你看!寡妇偷和尚,自己的儿子也不要!"

中秋前三天,东城大火。没有烧的人家不用说,烧了的也还要上庙安神;有的自己带香烛,有的把钱折算。老张经手的,都记在簿子上,当晚报给金喜听;金喜也暗自盘计,算是没有瞒昧的情事。这回上街割肉,比平素多割半斤,酒也打了四两,拿回来伸在老张的面前:

"张爹，老年人皮枯，煨点汤喝喝。——这个，我也来得一杯。"说着指着酒壶。

老张的疮早已好了；然而抓，依然不能免，白的粉末代替鲜红的血罢了。汤还煨在炉子上似乎已经奏了效，——不然，是那有这么多的涎呢？

喝完了酒，两人兴高采烈的谈到三更。上床的时候，金喜再三嘱咐，"要仔细园里的壶卢！街上的风俗，八月十五夜偷菜，名之曰'摸秋'，是不能算贼的。"老张连声称是，"那怕他是孙悟空，也没有这大的本领！"

金喜毕竟放心不下，越睡越醒。老张不知怎的，反大抓而特抓，"难道汤都屙到粪缸里去了不成？"然而一闭眼，立刻呼呼的打起鼾来了。金喜在这边听得清清楚楚，"张爹"喊了几十声，然而掩不过鼾声的大。最后，小宝从天井里答应；接着是板门的打开，园墙石块的倒坍。金喜使尽生平的气力昂头一叱咤！园外回了一阵笑，"好大！真真大！"

庙前，庙后，慢的，快的许多脚步，一齐作响，——渐渐静寂了，只有金喜的耳朵里还在回旋，好像一块石头摔在塘里，憧的一声之后，水面不住的起皱。金喜咕噜咕噜的挨到架下，——预备做种的几个大的,一个也不给留着!金喜顿时好像跌下了深坑,忽然又气愤的掉转身,回到屋子里问谁赔偿似的。什么绊住脚了!一踢,一个大壶卢!——难道是有意遗漏,留待明年再摸吗?又白,又圆!金喜简直不相信是真的,抬头望一望月亮。

金喜一手抱壶卢,一手拼命的把板门一关。老张这时也打开了眼睛:

"谁呀?"

中秋夜的一顿肉,便是老张在火神庙最后的一顿饭了。

然而金喜的故事,也就结束在这一个壶卢。

这一个壶卢,金喜拿来做三桩用处:煮了一钵,留了一包种子,壶卢壳切成两个瓢。这两个瓢一直晒到十月,然后抱上楼收检,一面踏楼梯,一面骂老张,骂摸秋的王八蛋。

骂声已经是在楼门口,——楼梯脚下突然又是谁哼呢?

没有饭吃,小女勤快的多,这里那里喵喵的叫。忠心的小宝,望见王四爹来,癫狂似的抓着王四爹的长裈,直到进了庙门。

王四爹的孙子搂着壶卢瓢出去玩。金喜抬上了床,王四爹看不清瞳子的眼睛里掉出许多眼泪。金喜的嘴还在微微的动,仿佛是说：

"孩儿能够报答爹爹的，爹爹也给了孩儿。"

1923 年 12 月

竹林的故事

出城一条河,过河西走,坝脚下有一簇竹林,竹林里露出一重茅屋,茅屋两边都是菜园:十二年前,他们的主人是一个很和气的汉子,大家呼他老程。

那时我们是专门请一位先生在祠堂里讲《了凡纲鉴》,为得拣到这菜园来割菜,因而结识了老程,老程有一个小姑娘,非常的害羞而又爱笑,我们以后就借了割菜来逗她玩笑。我们起初不知道她的名字,问她,她笑而不答,有一回见了老程呼"阿三",我才挽住她的手:"哈哈,三姑娘!"我们从此就呼她三姑娘。从名字看来,三姑娘应该还有姊妹或兄弟,然而我们除掉她的爸爸同妈妈,实在没有看见别的谁。

一天我们的先生不在家,我们大家聚在门口掷瓦片,老程家的捏着香纸走我们的面前过去,不一刻又望见她转来,不笔直的循走原路，勉强带笑的弯近我们："先生！替我看看这签。"我们围着念菩萨的绝句，问道，"你求的是什么呢？"她对我们诉一大串，我们才知道她的阿三头上本来还有两个姑娘，而现在只要让她有这一个，不再三朝两病的就好了。

老程除了种菜，也还打鱼卖。四五月间，霪雨之后，河里满河山水，他照例拿着摇网走到河边的一个草墩上，——这墩也就是老程家的洗衣裳的地方，因为太阳射不到这来，一边一棵树交荫着成一座天然的凉棚。水涨了，搓衣的石头沉在河底，剩现绿团团的坡，刚刚高过水面，老程老像乘着划船一般站在上面把摇网朝水里兜来兜去；倘若兜着了，那就不移地的转过身倒在挖就了的荡里，——三姑娘的小小的手掌，这时跟着她的欢跃的叫声热闹起来，一直等到碰跳碰跳好容易给捉住了，才又坐下草地望着爸爸。

流水潺潺，摇网从水里探起，一滴滴的水点打在水上，浸在水当中的枝条也冲击着查查作响。三姑娘渐渐把爸爸站在那里都忘掉了，只是不住的抠土，嘴里还低声的歌唱；头毛低到眼边，才把脑壳一扬，不觉也就瞥到那滔滔水流上的一堆白沫，顿时兴奋起来，然而立刻不见了，偏头又给树叶子遮住了，——使得眼光回复到爸爸的身上，是突然一声"阿呀！"这回是一尾大鱼！而妈妈也沿坝走来，说盐钵里的盐怕还够不了一飧饭。

老程由街转头，茅屋顶上正在冒烟，叱咤一声，躲在园里吃菜的猪飞奔的跑，——三姑娘也就出来了，老程从荷包里掏出一把大红头绳："阿三，这个打辫好吗？"三姑娘抢在手上，一面还接下酒壶，奔向灶角里去。"留到端午扎艾呵，别糟蹋了！"妈妈这样答应着，随即把酒壶伸到灶孔烫。三姑娘到房里去了一会又出来，见了妈妈抽筷子，便赶快拿出杯子——家里只有这一个，老是归三姑娘照管——踮着脚送在桌上；然而老程终于还是要亲自朝中间挪一挪，然后又取出壶来。"爸爸喝酒，我吃豆腐干！"老程实在用不着下酒的菜，对着三姑娘慢慢的喝了。

三姑娘八岁的时候，就能够代替妈妈洗衣。然而绿团团的坡上，从此也不见老程的踪迹了，——这只要看竹林的那边河坝倾斜成一块平坦的上面，高耸着一个不毛的同教书先生（自然不是我们的先生）用的戒方一般模样的土堆，堆前竖着三四根只有秒梢还没有斩去的枝桠吊着被雨粘住的纸幡残片的竹竿，就可以知道是什么意义。

老程家的已经是四十岁的婆婆，就在平常，穿的衣服也都是青蓝大布，现在不过系鞋的带子也不用那水红颜色的罢了，所以并不现得十分异样。独有三姑娘的黑地绿花鞋的尖头蒙上一层白布，虽然更现得好看，却叫人见了也同三姑娘自己一样懒懒的没有话可说了。

然而那也并非是长久的情形。母子都是那样勤敏，家事的兴旺，正如这块小天地，春天来了，林里的竹子，园里的菜，都一天一天的绿得可爱。老程的死却正相反，一天比一天淡漠起来，只有鹞鹰在屋头上打圈子，妈妈呼喊女儿道，"去，去看坦里放的鸡娃！"三姑娘才走到竹林那边，知道这里睡的是爸爸了。到后来，青草铺平了一切，连曾经有个爸爸这件事实几乎也没有了。

正二月间城里赛龙灯，大街小巷，真是人山人海。最多的还要算邻近各村上的女人，她们像一阵旋风，大大小小牵成一串从这街冲到那街，街上的汉子也借这个机会撞一撞她们的奶。然而能够看得见三姑娘同三姑娘的妈妈吗？不，一回也没有看见！锣鼓喧天，惊不了她母子两个，正如惊不了栖在竹林的雀子。鸡上埘的时候，比这里更西也是住在坝下的堂嫂子们顺便也邀请一声"三姐"，三姑娘总是微笑的推辞。妈妈则极力鼓励着一路去，三姑娘送客到坝上，也跟着出来，看到底攀缠着走了不；然而别人的渐渐走得远了，自己的不还是影子一般的依在身边吗？

三姑娘的拒绝，本是很自然的，妈妈的神情反而有点莫名其妙了！用询问的眼光朝妈妈脸上一瞧，——却也正在瞧过来，于是又掉头望着嫂子们走去的方向：

"有什么可看？成群打阵，好像是发了疯的！"

这话本来想使妈妈热闹起来，而妈妈依然是无精打采沉着面孔。河里没有水，平沙一片，现得这坝从远远看来是蜿蜒着一条蛇，站在上面的人，更小到同一颗黑子了。由这里望过去，半圆形的城门，也低斜得快要同地面合成了一起；木桥俨然是画中见过的，而往来蠕动都在沙滩；在坝上分明数得清楚，及至到了沙滩，一转眼就失了心目中的标记，只觉得一簇簇的仿佛是远山上的树林罢了。至于聒聒的喧声，却比站在近旁更能入耳，虽然听不着说的是什么，听者的心早被他牵引了去了。竹林里也同平常一样，雀子在奏他们的晚歌，然而对于听惯了的人只能够增加静寂。

打破这静寂的终于还是妈妈：

"阿三！我就是死了也不怕猫跳！你老这样守着我，到底……"

妈妈不作声，三姑娘抱歉似的不安，突然来了这埋怨，刚才的事倒好像给一阵风赶跑了，增长了一番力气娇恼着：

"到底！这也什么到底不到底！我不欢喜玩！"

三姑娘同妈妈间的争吵，其原因都出在自己的过于乖巧，比如每天清早起来，把房里的家具抹得干净，妈妈却说，"乡户人家呵，要这样？"偶然一出门做客，只对着镜子把散在额上的头毛梳理一梳理，妈妈却硬从盒子里拿出一枝花来。现在站在坝上，眶子里的眼泪快要迸出来了，妈妈才不作声。这时节难为的是妈妈了，皱着眉头不转睛的望，而三姑娘老不抬头！待到点燃了案上的灯，才知道已经走进了茅屋，这期间的时刻竟是在梦中过去了。

灯光下也立刻照见了三姑娘，拿一束稻草，一菜篮适才饭后同妈妈在园里割回的白菜，坐下板凳三棵捆成一把。

"妈妈，这比以前大得多了！两棵怕就有一斤。"

妈妈那想到屋里还放着明天早晨要卖的菜呢？三姑娘本不依恃妈妈的帮忙，妈妈终于不出声的叹一口气伴着三姑娘捆了。

三姑娘不上街看灯，然而当年背在爸爸的背上是看过了多少次的，所以听了敲在城里响在城外的锣鼓，都能够在记忆中画出是怎样的情境来。"再是上东门，再是在衙门口领赏，……"忖着声音所来的地方自言自语的这样猜。妈妈正在做嫂子的时候，也是一样的欢喜赶热闹，那情境也许比三姑娘更记得清白，然而对于三姑娘的仿佛亲临一般的高兴，只是无意的吐出来几声"是"，——这几乎要使得三姑娘稀奇得伸起腰来了："刚才还催我去玩哩！"

三姑娘实在是站起来了，一二三四的点着把数，然后又一把把的摆在菜篮，以便于明天一大早挑上街去卖。

见了三姑娘活泼泼的肩上一担菜，一定要奇怪，昨夜晚为什么那样没出息，不在火烛之下现一现那黑然而美的瓜子模样的面庞的呢？不，——倘若奇怪，只有自己的妈妈。人一见了三姑娘挑菜，就只有三姑娘同三姑娘的菜，其余的什么也不记得，因为耽误了一刻，三姑娘的菜就买不到手；三姑娘的白菜原是这样好，隔夜没有浸水，煮起来比别人的多，吃起来比别人的甜了。

我在祠堂里足足住了六年之久，三姑娘最后留给我的印象，也就在卖菜这一件事。

三姑娘这时已经是十二三岁的姑娘，因为是暑天，穿的是竹布单衣，颜色淡得同月色一般，——这自然是旧的了，然而倘若是新的，怕没有这样合式，不过这也不能够说定，因为我们从没有看见三姑娘穿过新衣：总之三姑娘是好看罢了。三姑娘在我们的眼睛里同我们的先生一样熟，所不同的，我们一望见先生就往里跑，望见三姑娘都不知不觉的站在那里笑。然而三姑娘是这样淑静，愈走近我们，我们的热闹便愈是消灭下去，等到我们从她的篮里拣起菜来，又从自己的荷包里掏出了铜子，简直是犯了罪孽似的觉得这太对不起三姑娘了。而三姑娘始终是很习惯的，接下铜子又把菜篮肩上。

一天三姑娘是卖青椒。这时青椒出世还不久，我们大家商议买四两来煮鱼吃，——鲜青椒煮鲜鱼，是再好吃没有的。三姑娘在用秤称，我们都高兴的了不得，有的说买鲫鱼，有的说鲫鱼还不及鳊鱼。其中有一位是最会说笑的，向着三姑娘道：

"三姑娘，你多称一两，回头我们的饭熟了，你也来吃，好不好呢？"

三姑娘笑了：

"吃先生们的一餐饭使不得？难道就要我出东西？"

我们大家也都笑了；不提防三姑娘果然从篮子里抓起一把掷在原来称就了的堆里。

"三姑娘是不吃我们的饭的，妈妈在家里等吃饭。我们没有什么谢三姑娘，只望三姑娘将来碰一个好姑爷。"

我这样说。然而三姑娘也就赶跑了。

从此我没有见到三姑娘。到今年，我远道回家过清明，阴雾天气，打算去郊外看烧香，走到坝上，远远望见竹林，我的记忆又好像一塘春水，被微风吹起波皱了。正在徘徊，从竹林上坝的小径，走来两个妇人，一个站住了，前面的一个且走且回应，而我即刻认定了是三姑娘！

"我的三姐，就有这样忙，端午中秋接不来，为得先人来了饭也不吃！"

那妇人的话也分明听到。

再没有别的声息：三姑娘的鞋踏着沙土。我急于要走过竹林看看，然而也暂时面对流水，让三姑娘低头过去。

        1924 年 10 月

河 上 柳

陈老爹向来是最热闹没有的,逢着人便从盘古说到如今,然而这半年,老是蹲在柳树脚下,朝对面的青山望,仿佛船家探望天气一般。问他,"老爹,不舒服了罢?"他又连忙点头,笑着对你打招呼。这原因很容易明白,就是,衙门口的禁令,连木头戏也在禁止之列了,他老爹再没有法子赚钱买酒,而酒店里的陈欠,又一天一天的催。

清早起来,太阳仿佛是一盏红灯,射到桥这边一棵围抱不住的杨柳,同时惹得你看见的,是"东方朔日暖""柳下惠风和"褪了色的红纸上的十个大字,——这就是陈老爹的茅棚。这红纸自然是一年一换了;而那字,当年亏了卖春联的王茂才特地替老爹选定,——老爹得意极了,于照例四十文大钱加成一条绳串,另外还同上"会贤馆",席上则茂才公满口的"古之贤人也"。

陈老爹也想到典卖他全副的彩衣同锣鼓,免得酒店的小家伙来捣麻烦,然而天下终当有太平之日——老爹又哼哼的踱出茅棚了。

"真真反变!连木头戏——"

这时老爹不知不觉转到隔岸坝上"路遇居"的泥黄山头,"姜太公在此,诸神回避",不出声的念给自己听,——也许只是念,并不听。其实老爹所看见的,模模糊糊一条红纸而已,不过"姜太公"也同"柳下惠"一样,在此有年罢了。

太公真个立刻活现了。

陈老爹的姜太公同郭令公是一副脑壳,——我们在"祈福"时所见的,自然,连声音也是一般,而我们见了令公,并不想到太公。现在浮在老爹眼睛里的,是箱子里的太公了,——老爹也并不想到令公。

老爹突然注视水面。

太阳正射屋顶,水上柳荫,随波荡漾。初夏天气,河清而浅,老爹直看到沙里去了,但看不出什么来,然而这才听见鸦鹊噪了,树枝倒映,一层层分外浓深。

老爹用了平素的声调昂头唱：

"八十三岁遇——"

劲太大了，本是蹲着的，跌坐下去，而刚才的心事同声音一路斩截的失掉了。那鸦鹊正笔直的瞥见，绿叶青天，使得眉毛不住的起皱，渐渐的不能耐了，拱着腰，双手抱定膝头。

"三天没有酒，我要斫掉我的杨柳——"

说到这里，老爹又昂一昂头：

"不，你跟我活到九十九，箱子里我还有木头。"

接着是平常的夏午，除了潺潺水流，都消灭在老爹的一双闭眼。

老爹的心里渐渐又滋长起杨柳来了，然而并非是这屏着声息蓬蓬立在上面蔽荫老爹的杨柳，——到现在有了许多许多的岁月。

漆黑的夜里，老爹背着锣鼓回来，一走一窜的唱：

　　驼子妈妈不等我上床了，
　　桥头上一柱灯笼，
　　驼子妈妈给我照亮了。

灯笼就挂在柳树,是老爹有一回险些跌到桥底下去了,驼子妈妈乃于逢朔的这趟生意,早办一枝烛,忖着时分,点起来朝枝头上挂。

从此老爹更尽量的喝,驼子妈妈手植的杨柳,也不再只是受怨,——这以前,一月两遭生意,缺欠不得,否则是黑老鸹清早不该叫,"不是你的杨柳,老鸹那里会来呢?"

杨柳一年茂盛一年,——那灯笼,老爹不是常说,可怜的妈妈最后还要嘱咐,带去而又记得点回吗?

清明时节,家家插柳,住在镇上的,傍晚都走来攀折,老爹坐在门槛:

"密叶就好,不伤那大——"

人散夜静,老爹自己也折一枝下来,明天早起,把桌子抹得干净,一枝撇成两份,挨着妈妈的灵屋放。

老鸹自然时常有的,但生意十分顺遂,木锁却被人偷开了几次,——不消说是归家晚了。

最使得老爹伤心的,要算那回的大水。

梅雨连绵,河水快要平岸,老爹正在灶里烧柴,远远沙岸倒坍，不觉抬起头来，张口细听，只听得吼吼的是水声，但又疑心耳朵在作怪；雨住的当儿，踏着木屐，沿茅棚周围四看，——沙地被雨打得紧结，柳根凸出，甚是分明，一直盘到岸石的缝里去了。

"还是妈妈想得——"

老爹伸一伸腰，环抱着臂，而眼睛，同天云低处的青山一样，浸在霭里了。

这晚比平常更难熟睡，愈到中夜，愈是清醒，清醒得害怕了！——坝上警锣响，——屋背后脚步声，——

"陈老爹！赶快！快！"

地保敲门。

第二天，老爹住在祠堂。土坡企眺，一片汪洋，绿茸茸的好像一丛芦草，老爹知道是柳叶：

"我的——"

"嘛——"

"老爹！——好睡呵？——今天呢？——老板骂我，说我是混玩一趟！"

下午，老爹从镇上引一个木匠回来。

霹雳一声，杨柳倒了，——老爹直望到天上去了，仿佛向来没有见过这样宽敞的青空。而那褪了色的红纸，顿时也鲜明不少。

1925 年 4 月

桃　园

　　王老大只有一个女孩儿，一十三岁，病了差不多半个月了。王老大一向以种桃为业，住的地方就叫做桃园，——桃园简直是王老大的另一个名字。在这小小的县城里，再没有别个种了这么多的桃子。

　　桃园孤单得很，唯一的邻家是县衙门，——这也不能够叫桃园热闹，衙门口的那一座"照墙"，望去已经不显其堂皇了，一眨眼就要钻进地底里去似的，而照墙距"正堂"还有好几十步之遥。照墙外是杀场，自从离开十字街头以来，杀人在这上面。说不定王老大得了这么一大块地就因为与杀场接壤哩。这里，倘不是有人来栽树木，也只会让野草生长下去。

　　桃园的篱墙的一边又给城墙做了，但这时常惹得王老大发牢骚，城上的游人可以随手摘他的桃子吃。他的阿毛倒不大在乎，她还替城墙栽了一些牵牛花，花开的时候，许多女孩子跑来玩，兜了花回去。上城看得见红日头，——这是指西山的落日，这里正是西城。阿毛每每因了这一个日头再看一看照墙上画的那天狗要吃的一个，也是红的。当那春天，桃花遍树，阿毛高高的望着园里的爸爸道：

"爸爸，我们桃园两个日头。"

话这样说，小小的心儿实是满了一个红字。

你这日头，阿毛消瘦得多了，你一点也不减你的颜色！

秋深的黄昏。阿毛病了也坐在门槛上玩，望着爸爸取水。桃园里面有一口井。桃树，长大了的不算又栽了小桃，阿毛真是爱极了，爱得觉着自己是一个小姑娘，清早起来辫子也没有梳！桃树仿佛也知道了，阿毛姑娘今天一天不想端碗扒饭吃哩。爸爸担着水桶林子里穿来穿去，不是把背弓了一弓就要挨到树叶子。阿毛用了她的小手摸过这许多的树，不，这一棵一棵的树是阿毛一手抱大的！——是爸爸拿水浇得这么大吗？她记起城外山上满山的坟，她的妈妈也有一个，——妈妈的坟就在这园里不好吗？爸爸为什么同妈妈打架呢？有一回一箩桃子都踢翻了，阿毛一个一个的朝箩里拣！天狗真个把日头吃了怎办呢?……

阿毛看见天上的半个月亮了。天狗的日头,吃不掉的,到了这个时分格外的照彻她的天,——这是说她的心儿。

秋天的天实在是高哩。这个地方太空旷吗?不,阿毛睁大了的眼睛叫月亮装满了,连爸爸已经走到了园的尽头她也没有去理会。月亮这么早就出来!有的时候清早也有月亮!

古旧的城墙同瓦一般黑,墙砖上青苔阴阴的绿,——这个也逗引阿毛。阿毛似乎看见自己的眼睛是亮晶晶的!她不相信天是要黑下去,——黑了岂不连苔也看不见?——她的桃园倘若是种橘子才好,苔还不如橘子的叶子是真绿!她曾经在一个人家的院子旁边走过,一棵大橘露到院子外,——橘树的浓荫俨然就遮映了阿毛了!但小姑娘的眼睛里立刻又是一园的桃叶。

阿毛如果道得出她的意思,这时她要说不称意罢。

桃树已经不大经得起风,叶子吹落不少,无有精神。

阿毛低声的说了一句:

"桃树你又不是害病哩。"

她站在树下,抱着箩筐,看爸爸摘桃,林子外不像再有天,天就是桃，就是桃叶，——是这个树吗？这个树，到明年又是那么茂盛吗？那时她可不要害病才好！桃花她不见得怎样的喜欢，风吹到井里去了她喜欢！她还丢了一块石头到井里去了哩，爸爸不晓得！（这就是说没有人晓得）……

"阿毛，进去，到屋子里去，外面风很凉。"

王老大走到了门口，低下眼睛看他的阿毛。

阿毛这才看见爸爸脚上是穿草鞋，——爸爸走路不响。

"爸爸，你还要上街去一趟不呢？"

"今天太晚了，不去，——起来。"王老大歇了水桶伸手挽他的阿毛。

"瓶子的酒我看见都喝完了。"

"喝完了我就不喝。"

爸爸实在是好，阿毛可要哭了！——当初为什么同妈妈打架呢？半夜三更还要上街去！家里喝了不算还要到酒馆里去喝！但妈妈明知道爸爸在外面没有回也不应该老早就把门关起来！妈妈现在也要可怜爸爸罢！

"阿毛，今天一天没有看见你吃点什么，老是喝茶，茶饱得了肚子吗？我爸爸喝酒是喝得饱肚子的。"

"不要什么东西吃。"

慢慢又一句：

"爸爸，我们来年也买一些橘子来栽一栽。"

"买一些橘子来栽一栽！你晓得你爸爸活得几年？等橘子结起橘子来爸爸进了棺材！"

王老大向他的阿毛这样说吗？问他他自己也不答应哩。但阿毛的橘子连根拔掉了。阿毛只有一双瘦手。刚才，她的病色是橘子的颜色。

王老大这样的人，大概要喝了一肚子酒才不是醉汉。

"这个死人的地方鬼也晓得骗人！张四说他今天下午来，到了这么时候影子也不看见他一个！"

"张四叔还差我们钱吗？"阿毛轻声的说。

"怎么说不差呢？差两吊。"

这时月亮才真个明起来，就在桃树之上，屋子里也铺了一地。王老大坐下板凳脱草鞋，——阿毛伏在桌上睡哩。

"阿毛，到床上去睡。"

"我睡不着。"

"你想橘子吃吗？"

"不。"

阿毛虽然说栽橘子,其实她不是想到橘子树上长橘,一棵橘树罢了。她还没有吃过橘子。

"阿毛,你手也是热的哩!"

阿毛——心里晓得爸爸摸她的脑壳又捏一捏手,枕着眼睛真在哭。

王老大一门闩把月光都闩出去了。闩了门再去点灯。

半个月亮,却也对着大地倾盆而注,王老大的三间草房,今年盖了新黄稻草,比桃叶还要洗得清冷。桃叶要说是浮在一个大池子里,篱墙以下都湮了,——叶子是刚湮过的!地面到这里很是低洼,王老大当初砌屋,就高高的砌在桃树之上了。但屋是低的。过去,都不属桃园。

杀场是露场,在秋夜里不能有什么另外的不同,"杀"字偏风一般的自然而然的向你的耳朵吹,打冷噤,有如是点点无数的鬼哭的凝和,巴不得月光一下照得它干!越照是越湿的,越湿也越照。你不会去记问草,虽则湿的就是白天里极目而绿的草,——你只再看一看黄草屋!分明的蜿蜒着,是路,路仿佛说它在等行人。王老大走得最多,月亮底下归他的家,是惯事，——不要怕他一脚踏到草里去，草露湿不了他的脚，正如他的酒红的脖子算不上月下的景致。

城垛子，一直排；立刻可以伸起来，故意缩着那么矮，而又使劲的白，是衙门的墙；簇簇的瓦，成了乌云，黑不了青天……

这上面为什么也有一个茅屋呢？行人终于这样免不了出惊。

茅屋大概不该有。

其实，就王老大说，世上只有三间草房，他同他的阿毛睡在里面，他也着实难过，那是因为阿毛睡不着了。

衙门更锣响。

"爸爸，这是打更吗？"

"是。"爸爸是信口答着。

这个令阿毛爽快：深夜响锣。她懂得打更，很少听见过打更。她又紧紧的把眼闭住——她怕了。这怕，路上的一块小石头恐怕也有关系。声音是慢慢的度来，度过一切，到这里，是这个怕。

接着是静默。

"我要喝茶。"阿毛说。

灯是早已吹熄了的，但不黑，王老大翻起来摸茶壶。

"阿毛,今天十二,明天,后天,十五我引你上庙去烧香,去问一问菩萨。"

"是的。"

阿毛想起一个尼姑,什么庙的尼姑她不知道,记得面孔,——尼姑就走进了她的桃园!

那正是桃园茂盛时候的事,阿毛一个人站在篱墙门口,一个尼姑歇了化施来的东西坐在路旁草上,望阿毛笑,叫阿毛叫小姑娘。尼姑的脸上尽是汗哩。阿毛开言道:

"师父你吃桃子吗?"

"小姑娘你把桃子我吃吗?——阿弥陀佛!"

阿毛回身家去,捧出了三个红桃。阿毛只可惜自己上不了树到树上去摘!

现在这个尼姑走进了她的桃园,她的茂盛的桃园。

阿毛张一张眼睛——张了眼是落了幕。

阿毛心里空空的,什么也没有想,只晓得她是病。

"阿毛,不说话一睡就睡着了。"

王老大就闭了眼睛去睡。但还要一句——

雅读

"要什么东西吃明天我上街去买。"

"桃子好吃。"

阿毛并不是说话说给爸爸听，但这是一声霹雳，爸爸的眼睛简直呆住了，突然一张，——上是屋顶。如果不是夜里，夜里睡在床上，阿毛要害怕她说了一句什么叫爸爸这样！

桃子——王老大为得桃子同人吵过架，成千成万的桃子逃不了他的巴掌，他一口也嚼得一个，但今天才听见这两个字！

"现在那里有桃子卖呢？"

一听声音话是没有说完。慢慢却是——

"不要说话，一睡就睡着了。"

睡不着的是王老大。

窗孔里射进来月光。王老大不知怎的又是不平！月光居然会移动，他的酒瓶放在一角，居然会亮了起来！王老大怒目而视。

阿毛说过，酒都喝完了。瓶子比白天还来得大。

王老大恨不得翻起来一脚踢破了它！世界就只是这一个瓶子——踢破了什么也完了似的！

王老大挟了酒瓶走在街上。

"十五，明天就是十五，我要引我的阿毛上庙去烧香。"低头丧气的这么说。

自然，王老大是上街来打酒的。

"桃子好吃"，阿毛的这句话突然在他的心头闪起来了，——不，王老大是站住了，街旁歇着一挑桃子，鲜红夺目得厉害。

"你这是桃子吗？！"王老大横了眼睛走上前问。

"桃子拿玻璃瓶子来换。"

王老大又是一句：

"你这是桃子吗？！"

同时对桃子半鞠了躬，要伸手下去。

桃子的主人不是城里人，看了王老大的样子一手捏得桃子破，也伸下手来保护桃子，拦住王老大的手——

"拿瓶子来换。"

"拿钱买不行吗？"王老大抬了眼睛，问。但他已经听得背后有人嚷——

"就拿这一个瓶子换。"

一看是张四，张四笑嘻嘻的捏了王老大的酒瓶，——他从王老大的胁下抽出瓶子来。

王老大欢喜极了：张四来了，帮同他骗一骗这个生人！——他的酒瓶那里还有用处呢？

"喂，就拿这一个瓶子换。"

"真要换，一个瓶子也不够。"

张四早已瞧见了王老大的手心里有十好几个铜子，道：

"王老大，你找他几个铜子。"

王老大耳朵听，嘴里说，简直是在自己桃园卖桃子的时候一般模样。

"我把我的铜子都找给你行吗？"

"好好，我就给你换。"

换桃子的收下了王老大的瓶子，王老大的铜子张四笑嘻嘻的接到手上一溜烟跑了。

王老大捧了桃子——他居然晓得朝回头的路上走！桃子一连三个，每一个一大片绿叶，王老大真是不敢抬头了。

"王老大，你这桃子好！"路上的人问。

王老大只是笑，——他还同谁去讲话呢？

围拢来四五个孩子，王老大道：

"我替我阿毛买来的。我阿毛病了要桃子。"

"这桃子又吃不得哩。"

是的,这桃子吃不得,——王老大似乎也知道!但他又低头看桃子一看,想叫桃子吃得!

王老大的欢喜确乎走脱不少,然而还是笑——

"我拿给我阿毛看一看……"

乒乓!

"哈哈哈,桃子玻璃做的!"

"哈哈哈,玻璃做的桃子!"

孩子们并不都是笑,——桃子是一个孩子撞跌了的,他,他的小小的心儿没有声响的碎了,同王老大双眼对双眼。

           1927 年 9 月

菱 荡

陶家村在菱荡圩的坝上,离城不过半里,下坝过桥,走一个沙洲,到城西门。

一条线排着,十来重瓦屋,泥墙,石灰画得砖块分明,太阳底下更有一种光泽,表示陶家村总是兴旺的。屋后竹林,绿叶堆成了台阶的样子,倾斜至河岸,河水沿竹子打一个湾,潺潺流过。这里离城才是真近,中间就只有河,城墙的一段正对了竹子临水而立。竹林里一条小路,城上也窥得见,不当心河边忽然站了一个人,——陶家村人出来挑水。落山的太阳射不过陶家村的时候(这时游城的很多),少不了有人攀了城垛子探首望水,但结果城上人望城下人,仿佛不会说水清竹叶绿,——城下人亦望城上。

陶家村过桥的地方有一座石塔,名叫洗手塔。人说,当初是没有桥的，往来要"摆渡"。摆渡者，是指以大乌竹做成的筏载行人过河。一位姓张的老汉，专在这里摆渡过日，头发白得像银丝。一天，何仙姑下凡来，度老汉升天，老汉道："我不去。城里人如何下乡？乡下人如何进城？"但老汉这天晚上死了。清早起来，河有桥，桥头有塔。何仙姑一夜修了桥。修了桥洗一洗手，成洗手塔。这个故事，陶家村的陈聋子独不相信，他说："张老头子摆渡，不是要渡钱吗？"摆渡依然要人家给钱他，同聋子"打长工"是一样，所以决不能升天。

塔不高，一棵大枫树高高的在塔之上，远路行人总要歇住乘一乘荫。坐在树下，菱荡圩一眼看得见，——看见的也仅仅只有菱荡圩的天地了，坝外一重山，两重山，虽知道隔得不近，但树林在山腰。菱荡圩算不得大圩，花篮的形状，花篮里却没有装一朵花，从底绿起，——若是荞麦或油菜花开的时候，那又尽是花了。稻田自然一望而知，另外树林子堆的许多球，那怕城里人时常跑到菱荡圩来玩，也不能一一说出，那是村，那是园，或者水塘四围栽了树。坝上的树叫菱荡圩的天比地更来得小，除了陶家村以及陶家村对面的一个小庙，走路是在树林里走了一圈。有时听得斧头斫树响，一直听到不再响了还是一无所见。那个小庙，从这边望去，露出一幅白墙，虽是深藏也逃不了是一个小庙。到了晚半天，这一块儿首先没有太阳，树色格外深。有人想，这庙大概是村庙，因为那么小，实在同它背后山腰里的水竹寺差不多大小，不过水竹寺的林子是远山上的竹林罢了。城里人有终其身没有向陶家村人问过这庙者，终其身也没有再见过这么白的墙。

陶家村门口的田十年九不收谷的，本来也就不打算种谷，太低，四季有水，收谷是意外的丰年（按，陶家村的丰年是岁旱）。水草连着菖蒲，菖蒲长到坝脚，树荫遮得这一片草叫人无风自凉。陶家村的牛在这坝脚下放，城里的驴子也在这坝脚下放。人又喜欢伸开他的手脚躺在这里闭眼向天。环着这水田的一条沙路环过菱荡。

菱荡圩是以这个菱荡得名。

菱荡属陶家村，周围常青树的矮林，密得很。走在坝上，望见白水的一角。荡岸，绿草散着野花，成一个圈圈。两个通口，一个连菜园，陈聋子种的几畦园也在这里。

菱荡的深，陶家村的二老爹知道，二老爹是七十八岁的老人，说，道光十九年，剩了他们的菱荡没有成干土，但也快要见底了。网起来的大小鱼真不少，鲤鱼大的有二十斤。这回陶家村可热闹，六城的人来看，洗手塔上是人，荡当中人挤人，树都挤得稀疏了。

菱叶差池了水面，约半荡，余则是白水。太阳当顶时，林茂无鸟声，过路人不见水的过去。如果是熟客，绕到进口的地方进去玩，一眼要上下闪，天与水。停了脚，水里唧唧响，——水仿佛是这一个一个的声音填的！偏头，或者看见一人钓鱼，钓鱼的只看他的一根线。一声不响的你又走出来了。好比是进城去，到了街上你还是菱荡的过客。

这样的人，总觉得有一个东西是深的，碧蓝的，绿的，又是那么圆。

城里人并不以为菱荡是陶家村的，是陈聋子的。大家都熟识这个聋子，喜欢他，打趣他，尤其是那般洗衣的女人，——洗衣的多半住在西城根，河水渴了到菱荡来洗。菱荡的深，这才被她们搅动了。太阳落山以及天刚刚破晓的时候，坝上也听得见她们喉咙叫，甚至，衣篮太重了坐在坝脚下草地上"打一栈"的也与正在捶捣杵的相呼应。野花做了她们的蒲团，原来青青的草她们踏成了路。

陈聋子，平常略去了陈字，只称聋子。他在陶家村打了十几年长工，轻易不见他说话，别人说话他偏肯听，大家都嫉妒他似的这样叫他。但这或者不始于陶家村，他到陶家村来似乎就没有带来别的名字了。二老爹的园是他种，园里出的菜也要他挑上街去卖。二老爹相信他一人，回来一文一文的钱向二老爹手上数。洗衣女人问他讨萝卜吃——好比他正在萝卜田里，他也连忙拔起一个大的，连叶子给她。不过问萝卜他就答应一个萝卜，再说他的萝卜不好，他无话回，笑是笑的。菱荡圩的萝卜吃在口里实在甜。

菱荡满菱角的时候，菱荡里不时有一个小划子（这划子一个人背得起），坐划子菱叶上打回旋的常是陈聋子。聋子到那里去了，二老爹也不知道，二老爹或者在坝脚下看他的牛吃草，没有留心他的聋子进菱荡。聋子挑了菱角回家——聋子是在菱荡摘菱角！

聋子总是这样的去摘菱角，恰如菱荡在菱荡圩不现其水。

有一回聋子送一篮菱角到石家井去，——石家井是城里有名的巷子，石姓所居，两边院墙夹成一条深巷，石铺的道，小孩子走这里过，故意踏得响，逗回声。聋子走到石家大门，站住了，抬了头望院子里的石榴，仿佛这样望得出人来。两匹狗朝外一奔，跳到他的肩膀上叫。一匹是黑的，一匹白的，聋子分不开眼睛，尽站在一块石上转，两手紧握篮子，一直到狗叫出了石家的小姑娘，替他喝住狗。石家姑娘见了一篮红菱角，笑道："是我家买的吗？"聋子被狗呆住了的模样，一言没有发，但他对了小姑娘牙齿都笑出来了。小姑娘引他进门，一会儿又送他出门。他连走路也不响。

以后逢着二老爹的孙女儿吵嘴，聋子就咕噜一句：

"你看街上的小姑娘是多么好！"

他的话总是这样的说。

一日，太阳已下西山，青天罩着菱荡圩照样的绿，不同的颜色，坝上庙的白墙，坝下聋子人一个，他刚刚从家里上园来，挑了水桶，挟了锄头。他要挑水浇一浇园里的青椒。他一听——菱荡洗衣的有好几个。风吹得很凉快。水桶歇下畦径，荷锄沿畦走，眼睛看一个一个的茄子。青椒已经有了红的，不到跟前看不见。

走回了原处，扁担横在水桶上，他坐在扁担上，拿出烟竿来吃，他的全副家伙都在腰边。聋子这个脾气厉害，倘是别个，二老爹一天少不了罗苏几遍，但是他的聋子。（圩里下湾的王四牛却这样说：一年四吊毛钱，不吃烟做什么？何况聋子挑了水，卖菜卖菱角！）

打火石打得火喷，——这一点是陈聋子替菱荡圩添的。

吃烟的聋子是一个驼背。

衔了烟偏了头，听——

是张大嫂，张大嫂讲了一句好笑的话。聋子也笑。

烟竿系上腰。扁担挑上肩。

"今天真热！"张大嫂的破喉咙。

"来了人看怎么办？"

"把人热死了怎么办？"

两边的树还遮了挑水桶的，水桶的一只已经进了菱荡。

"嗳呀——"

"哈哈哈，张大嫂好大奶！"

这个绰号鲇鱼，是王大妈的第三的女儿，刚刚洗完衣同张大嫂两人坐在岸上。张大嫂解开了她的汗湿的裌子兜风。

"我道是谁——聋子。"

聋子眼睛望了水,笑着自语——

"聋子!"

1927年10月

四　火

　　四火本来在乾顺猪肉店捉脚。猪肉店的伙计分两等，一是掌屠刀的，称师父，一则叫捉脚。捉脚，等于打杂。猪从豪户的猪窠里赶出来，以至抱上肉凳——已经不是猪而是肉了，都只有捉脚的卖气力。不但猪正在杀的时候要他捉猪的脚。

　　四火姓王。他也有三间茅屋，（他只有一个嫂子，侄儿三个，又还小，茅屋，所以口头上人家都说是四火的茅屋。）堂屋占了一间大的，居中，有天地君亲师位，王氏堂上历代祖宗，九天东厨司命。还有一条贴在一边，是总是发财了。但都等于无有。因为烟尘。然而到底是红纸。烟尘等于无有，因为都是，反而不见。四火总是偷油而已。偷油也确乎发财。捉脚偷油，算不了什么，犹之乎裁缝偷布，你自己莫谈国事，——这当然是破一个谜儿猜猜，叫你小心。偷油，当然是偷猪油，猪油贵，故举之以概其余，所偷尚不止此，猪肠，猪血——总之凡属猪的，但除了猪粪，无所不偷。（按，猪粪别有偷者，不过不是在这场合，盖与胡适之先生拜金主义的拾煤渣的老婆子可以相提并论，牧猪场上常常看见一两个老婆子拿着家伙追踪几只猪，便是她们。）

乾顺有两位主顾，与乾顺同在一条街上，都是堂客——似乎无须声明，顾主而是堂客，其为寡妇无疑，一张氏，一赵氏。这个却得首先声明：猪肉店的顾主分为两种，（指豢户而言，吃肉者另算。）一卖毛猪，这就是说以猪卖，经了经纪的手秤他一秤，赶出门算干净，只付钱来；其二活猪不过秤，宰了再秤，猪肠猪血豢户拿回去，不计斤两，而油也当肉秤，秤了也准其拿回，扣总数。前者猪一斤钱二百四，后者肉一斤钱三百。张家大嫂同她的五岁的小姑娘，吃不了什么，"拿回来倒不够分人！"猪血拿回来煮熟了要端出几碗给邻家吃。也何苦让人家偷？计猪一只。赵二妈计肉。她有两位令郎，大的不过十一，而另有女婿。而且，赵二妈自己爱猪肠。而且，"省吃省喝，喂一只猪，吃他一个便宜油！"——那里有三百钱一斤的猪油卖呢？语云，"有错买的，无错卖的。"那么反正这里是该屠户吃亏！

闲话少讲，且说四火。四火，不待说，是欢迎赵二妈的。赵二妈的狗儿，也格外欢迎四火。他一天不上学了。杀猪是天刚破晓，头一天晚上四火把猪赶了去。狗儿跟了猪尾巴叫："哈哈哈，真会捉！"却不是说四火捉脚，是此刻一把捉住猪尾巴。猪不捉不去。赵二妈远在一旁喊："莫把我的鸡赶跑了！"鸡飞狗跳墙。赵二妈寂寞得很。狗儿通宵不睡也行，赵二妈要他早点睡，还要再三说：

"明天早晨不用我叫罢？"

"一天光我就起来！"

说着比一比手势，简直要一大为天。

"他不秤得平平的，我就说他为屠户！——你想他不为屠户罢？"（"他"是指陈七叔，猪经纪。"你"非是指妈妈，当然也不必说不是，是泛问的口气。）

"多嘴！这你也管得了？——人家几时不公平？为屠户？"

但先是一巴掌。不公平就为屠户，非为屠户乃为狗。赵二妈的大意实如此。

"你只要看四火，眼睛莫离开他。"

狗点头。但又是——

"四火哥他不偷我的油。"

又一巴掌——

"你晓得什么？"

狗又点头。

终于还是赵二妈轻轻的拍狗屁股——

"狗，狗，起来。"

一面替自己梳头。

狗一夜做了猪梦。懵懵懂懂的，但根本上知道不是叫他起来上学。睁开眼睛——灯还没有吹熄。

当然非昨夜的灯。赵二妈今天起来点的。

有子万事足，赵二妈望着她的狗走近乾顺的门，吃一点亏似乎也是可以的。

猪主照例必得去，正如别的买卖一样，三人当面，——合经纪而为三。陈七叔本来兼做狗的干爹，已有一年之久，狗儿忽然很自重的否认了，小东人大有闯下滔天大祸之势。他听了许多坏话，讲他妈妈的，——这个太出乎题外，只好不谈。简单一句：孩儿若去说公平，倒把为娘挂了心。

"狗。"

陈七叔先到了，端了烟袋向狗儿打招呼。

狗不答。不答即是不承认干爹。

"我们杀猪，你来干什么？"乾顺的师父问。

"我不来，看你敢不敢杀！"

这个杀，是一刀把猪剖开。猪刮了毛挂在钩上。早已过了四火捉脚的时候。师父那么说，屠刀捏上了手。

"当然不敢，回头我说五十斤，你说一百斤，那我可赔不起，你干爹也赔不起。"乾顺的掌柜说。

"七叔，今天不要做干爹呵，公平公平。"师父真是行其所无事，且剖且说话。

"干爹不吃饭！"

陈七叔鼻子里一句，且笑。

这个，可难解。而且，干爹的话，狗儿绝对不听。猪经纪当然靠屠户吃饭。师父歇了一歇手，瞄七叔一眼。这一瞄，屠户的眼色，却不是有意来耽误工夫，瞄得人心寒："七叔，你没有良心！"

狗儿两眼不离开他的四火哥。四火蹲在那里守候，默无言语，——耳朵可听？说时迟，那时快，四火尽猪之所有而空之了，就以他的怀抱。

"你妈妈叫你来看四火,怕他偷油,是不是?"

又是师父说。

狗儿嗤的一声笑——

"不是。"

一跳跳到四火的胁下去了。

"尿脬呢?尿脬呢?"

"等一会,等一会儿就是,我说给你就给你。"四火口若悬河,——说得快。

他们两人昨天预约了,预约猪的尿脬。尿脬这东西——是的,著者几乎忘记了,既不经秤,又没有听说那一个豢户拿尿脬回家,大概都是捉脚的拿去做人情。即如我也曾经得过两回尿脬,都是捉脚的给我的。小孩子总喜欢玩。

狗儿就鹄立以待。

"我说给你就给你。"

四火又一句。他到底不是师父,未免手忙脚乱。

"我有一个好尿脬,给你,要不要?"

师父说。狗儿就掉一掉头。又回转去,扯四火一下——

"给我！"

"不要急，等一等。"

狗儿又如命，——四火哥突然拿什么向他手上一塞：

"好罢好罢。"

狗儿喜出望外——正是猪尿脬！眉飞色舞，对干爹也笑了几笑。

连忙又光顾他的四火哥，——不见四火。

四火在大街上。店外街旁，放着一个大木盘，四火傍着木盘翻猪肠。两匹狗，伸了舌头傍盘舐，甚且舐到了盘子里去。非是舐猪粪，猪肠子里翻出来的猪粪。屠户的狗——一匹就是乾顺的狗，其他一匹不详——吃不到猪粪头上去。

"狗！狗！"

四火踢狗，狗绊了他的脚。

狗儿捧了尿脬来了。

"四火哥，我吹不起来，你替我吹一吹。"

他以为四火一定比他吹得大。刚才刮了毛的他的猪就是四火吹得那么大。他一晌佩服四火哥吹猪，暗地里纳罕。

四火不顾狗儿而说：

"你看,我一手的粪——ter！拿回去,叫你妈妈给一根线你,吹起来用线把它缠住,抛球玩。"

"Ter"所以喝狗,狗又近来了。——我们且把他们留在街上来谈别的。

王二嫂,四火之嫂,系一个收生婆。一天,她洗三回家,——谁家的毛头生下地三天了,她又去,去把毛头洗得干干净净,拜天地,拜祖先。未拜之先,干净了以后,王二嫂一手握了两个鸡蛋:"滚滚头,头戴顶;滚滚脚,脚穿靴。"这个毛头当然不是丫头。这两个鸡蛋滚来滚去滚到王二嫂的荷包里去了。她洗三回家,过张妈妈门口。张妈妈与四火为邻,是摆摊子的,卖花生,卖烟卷,卖盐鸡蛋。一见王二嫂,张妈妈笑迎道:

"回来了。"

(这里又得声明:明明白白的"回来了",是著者写的,张妈妈是一个咬舌,回读若肥,余类推。)

王二嫂趋而赴之。

张妈妈站起来俨然知道是要办了她的耳朵来就她的话。王二嫂就咕噜咕噜了一大堆。更一句,但已经冷落了张妈妈的耳朵,声音嘹亮——

"妈妈,你说好笑不好笑?"

妈妈连听连点头,但实耳边风而已。张妈妈只摆摊子,不管闲事。方其耳边话时,王二嫂连说连眨眼。

"喂——"

险些儿忘记了,一声"喂",一手插进荷包,掏出来——张妈妈先看见,两个蛋。

"妈妈,你就只给四十。"

妈妈一眼看破了蛋,然后——

"晚上给你。"

"不忙,不忙。"

王二嫂望见她的鬏鬏跑来了,第二个不忙已经开步走了。

张妈妈放在盐水里浸他一浸,是一百廿。盐蛋六枚一个。

王二嫂要吃晚饭,张妈妈来了。

大鬏鬏小鬏鬏团在那里吃桌子,——捏了筷子占了天地君亲师位面前的一张八仙儿的三方。

王二嫂尚在厨房,厨房即王二嫂的房。

"妈妈,你来了?"

王二嫂双手端出一钵。

124

"猪血。"

张妈妈自己告诉自己,自己请坐,大鬎鬍坐着的一条板凳。

鬎鬍的筷子一齐下去,张妈妈似乎一无所见,筷子亦似无声响。

"把了葱?"

张妈妈眼见葱,葱亦钻鼻子。

"把了一点葱。妈妈,你尝一尝。"

王二嫂一看是空手,赶忙去拿筷子。鬎鬍都是各管各,不过方其取筷子时(大鬎鬍)助了小鬎鬍一脚之劳,大鬎鬍点起脚尖来够得着。

"妈妈,你尝一尝,——就只晓得吃菜,去端饭!"

下半句当然是喝鬎鬍。妈妈接了筷子——

"好,好。"

多了一块东西,"好"却要算张妈妈最分明的咬出来。

"没有打酱油,把点酱油怕好一点。"

"好。"

此一"好"时,嘴里又只有舌头。孔子曰,富而无骄易,贫而无谄盖难。

看官如曰：张妈妈是馋；谄者王二嫂，她要卖鸡蛋。我亦无话说。

张妈妈递筷子于王二嫂，——王二嫂是不由己的接过来，因为没有一句再尝，一嘴凑近张妈妈的耳边。此回屈了一点身，亦不十分入耳——

"妈妈，简直流了我一身冷汗！这堂客，一连两胎——云云云云云云云云云……你说好笑不好笑？"

与之连接——

"不忙不忙。"

张妈妈拿出了四十了。双钞两枚。大鬎鬁连忙掉过头来，但筷子不放手。

掉过来鬎鬁挨一栗——

"吃你的！"

凿了鬎鬁，手插荷包，——王二嫂。

　　天作保来地作保，

　　陈桥出现龙一条，

　　昔日打马过金桥，

偶遇先生把卦摇,

你说孤王八字好,

到后来必定坐九朝。

到今日前言果验了,

你比诸葛凤维算得高……

在外四火是也。只是三个鬃鬃没有听。

"四哥回来了。"

"四火,店里回?"

张妈妈打招呼,四火则已进门。

王二嫂迎上前去,四火一手递阿嫂。

"油。"

王二嫂的眼睛告诉王二嫂。张妈妈的眼睛也看见了,她与四火之间是王二嫂,她以背向她,为她遮了四火。

王二嫂风车一般的车进厨房,——看官将着急,问能有几步的路程?曰,王二嫂半夜三更起来小便,固亦如踏脚踏车之踏其文明脚,而茅厕,马桶而已,尚在阃以内。在先就介绍过,阃内亦即厨房。

"四火,几时替我也留一点,你卖给面馆卖多少钱,我也出多少钱。"

张妈妈同四火当面讲话。

"你们总以为我得了好多!你看,分到我名下就只有这一点。"

说话时一吊猪油不知挂在那里,但张妈妈实看见了,这一点实在不多。

四火是酒醉回来。

四火之一落千丈,是此夜过了不久的事。

简单一句:四火的差事革掉了。在先在别几家肉店里"一共混过好几年",(四火常是这样君子不重的说。)革掉了才到乾顺,这一革,简直没有希望。偷油总不至于影响他的职业,有什么了不得的事屠户说不出?

在先也并不阔,言其服装,六月天更只一条裤,现在亦不过依然不阔。世态炎凉,人心不古,见乎阿嫂一人。起初也还好,但四火已不免寂寞之感了。一日大街回来,口唱孤王酒醉桃花宫,——还是朱颜吗?当然不是。赤脚,六月炎天,太阳底下的石头大概很不容易踏下去,走得很像一个贼晚上在暗地里走路，探走。陈七保，警察，正站在那儿，他大概也很无聊，叫四火一声：

"四火。"

四火也光顾他一下，然而不答，还是走路。大鬎鬁端了一碗饭站在门口吃。王二嫂也在门口。门口有一棵树。望见四火，妈妈塞孩儿一拳。鬎鬁赶忙进去了，四火佯不见。

"四哥，煮饭今天晚上米怕不够，晚上煮粥罢。"

"米不够炒油饭吃。"

"这是怎么说呢！？我同你侄儿背了你叔叔炒油饭吃不成？我娘儿们可怜！头上有天！"

四火冷冷的那一句，王二嫂喊破了喉咙。王二嫂恼羞成怒，四火自讨没趣。

"侄儿是我的侄儿，我难道就不疼不成？他要吃点什么，我做叔叔的难道还争嘴不成？背地里偷吃偷喝，成个什么样子？教坏了孩子。"

四火这一说时，王二嫂紧紧的把嘴闭住了，心里很喜欢。大鬎鬁已经又出来了，空手，赤条条的，张开眼睛莫明其妙，但紧紧的闭住他的油嘴。

没有他的座位，四火又踱出去，口唱：

"怕只怕五丈原嗳嗳嗳嗳嗳……"

嗳得不可收拾。诸葛忧天也。

一走走到城隍庙，城隍庙的石头上面睡午觉。四火既然到了城隍庙，则城隍庙不可以不写。城隍庙分上下殿。下殿只有两个"城隍庙的差人"，——大家都是这样累赘的叫，但又叫"二百钱"，分立两旁。一位做了一个二百钱的手势，问你要二百钱，所以连那一位一齐叫做二百钱，其实那一位是手拿旱烟袋抽。因此，衙门口的张和气绰号二百钱。但或者因为先有二百钱的衙门口的差人再有二百钱的城隍庙的差人也说不定。然而张和气的二百钱确是跟着城隍庙的二百钱来的。男妇老幼一见张和气——当然本城的熟人，乡下人岂敢？张和气见了诸父老昆弟，以至于团头王八贼，也真是为人要学刘奉三，和气生财做大官。一见张和气，就叫二百钱，一叫二百钱，则张和气与城隍庙的差人，二而一，一而二了，不知道到底记得是谁。城隍庙的二百钱——这是专指那一位做手势的，凑巧也是一个麻子。那么张和气是麻子。此刻二百钱的跟前睡着王四火。六月天睡午觉这一块大石头上面真凉快。

城隍庙的上殿，当中，当然是县城隍。排立两墙者一共有八位，老爷正在升堂打板子的样子。这八位，有一个也是麻子，一个是塌鼻，一个是歪嘴，其余的记不清，不是记不清，我写不出那毛病的名儿。诸位的形色——如果要逼真，请就近到中央公园卫生陈列所看一看那几副患梅疮的面孔。著者昨天恰好去参观一次，所以这样说。当初塑神像的不知原何这样胡闹令人不起好感。未必是年代久远的关系。确乎有好几十年未加髹漆。但这个于我有大大的好处，曾经在城隍庙烧了一回香，至今不敢同人打官司，凡事退一步想，自己拷问一下。

城隍庙的和尚这时正在和尚的房里抽他的大烟，——抽大烟？四火原何不去把他抓住？岂不是一笔财喜？要知道，和尚有他的来历。即如刚才，四火未进来以先，石大先生娘子来了，穿了石大先生娘子的裙子来烧香。今天原来是七月初一。统共计算，穿裙子城里只有两位，石大先生娘子算第一个。石大先生抽大烟常在城隍庙，县长——如今叫县长，县长常在石大先生的家里打牌。这一说你自然没有话说了。石大先生家距城隍庙不远。城隍庙的和尚做的点心比厨子还做得好吃。这并不是说石大先生家里有厨子。有时也有厨子。刚才，石大先生娘子来烧香，上殿以下打一个招呼：

"和尚在家吗？"

"先生娘子来了？"

和尚出来了，笑得不可以再笑，一眼就见——但不知是先见石大先生娘子的青绉裙子呢还是先见石大先生娘子的一双小脚？总之这两件东西很少见。小脚岂少见？但石大先生娘子的青绉裙子恰恰拖到石大先生娘子的小脚，所以地球上只有石大先生娘子的小脚了。石大先生娘子的脸皮也搽了粉。

"菩萨保护！"

和尚双手接过石大先生娘子的一份城隍庙香纸说。石大先生娘子也说。

石大先生娘子大概站不住脚，不是走路原何也循环踏脚？这是城隍庙，她的大先生常来：这样汗流得意，得意忘形，进香是来求菩萨，是来作揖，出门曾几何时居然忘记了。和尚放了炮，炮响了，这才一扭弯，跑到当中跪下去。头上还插了花。和尚也看见了。为什么耽误了一会，又回到原地方，等候石大先生娘子起来。头上还是插了花。言照样再看。石大先生娘子叩首不肯起来。起来，要走路——

"再到天后宫去。"

"歇一会，喝点茶。"

"不，不，——和尚，你不要信你大先生的话，他总说没有菩萨，连天上雷都不是菩萨！没有菩萨人人都进香做什么？"

"菩萨保护，保护大少爷明年添一个孙子。"

你道和尚忽然记起了什么，望着石大先生娘子头上插的花？记起今年正月里石大先生在城隍庙整躲了一天半，石大先生娘子同石大先生吵架，说不该又到婊子那里去。后来是石大先生娘子亲自上城隍庙来，然而石大先生已经走了。和尚送了石大先生娘子出了下殿，回进去，抽大烟。所以四火躺在那里打鼾，和尚并不晓得。四火睡了几大的工夫，四火也不晓得，一睁眼，听得里面放炮，还不打算起来，但听得和尚嚷——

"这不行！这不行！"

和尚手下立刻多余了一个四火了。和尚也是刚刚出和尚的房，听了外面放炮。原来来了一个乡下汉子进香，自插香，自烧纸，放了炮正要拧鸡头，和尚一眼瞧见了，一双手跑去拦住他——自然是脚跑，而手拦："这不行！这不行！"四火也拦住他："不行！不行！"于是那汉子把鸡一搂，搂在怀里，对了他们两位轮了眼睛看，发抖。

"你有什么你说！"

"人家的牲口跑到他的田里吃了粮食，他说是我的牲口！说是我害他！我只有一个孩子，凭城隍老爷！他一锄头把我的猪打死了！有理说不清！求城隍老爷开眼！他有两个孩子！我只有一个！师父！"

师父解劝道：

"我看你是一个老实人，那里会害人？你也不要生气。进了香就算得事。拧鸡头不是玩的！我出家人总是劝人好，冤仇可解不可结。"

汉子没的话说了，又掉过去听四火一篇——

"师父说的不错，你要听人家劝。你自然不是害人的人，然而你的猪到底跑到他的田里去了没有呢，你不也是不晓得吗？是不是？——那你这一下不是害了你自家吗？"

四火看得出他的道理战胜了，连忙加那一句。连忙又接下去——

"今天你喜得师父看见了，要不然的话，吓，你自己说的，你只有一个孩子！"

"我看你这个人将来还有好处,今天你就信我的话,回去,晓得吗?"

"多谢师父。"

"你的鸡,既然烧了香,拿回去不得,你就放在庙里。"

"你将来还要发财。"

"多谢师父。"

结果他赤脚探走了。不知他的下文如何?城隍庙立刻有了一只黄毛公鸡,而四火伸手问和尚借钱。他说:

"今天实在没有办法。"

和尚说:

"你不要同我打主意。"

"二百五不好听,给我一个张和气,多了我也不要。"

有一句俗言:"二百五,卖屁股。"

"你的算盘打就了,这个鸡就算他一斤半,顶多值四百钱,你就要一半。"

"话不是这样说。今天给我一个面子。"

四火也得罪不得,和尚给了他一个面子,二百钱拿走了。走出城隍庙,他要小便,就朝那"君子自重小便远行"的地方,一个拐角，小便一下。一下未了，背后有人喊他：

"王四火！"

一看是马旺火，警察。这可不由得四火不答了，马旺火板起他的警察的面孔。四火好笑——

"你干什么？"

"你说干什么！不准你屙尿！"

四火更好笑——

"这是干什么？"

好笑，歇一会，把裤子重新扎一下。

"你不认得我，我不认得你？"

"不准你多说话！跟我走！"

四火不肯白费气力，而马旺火要带四火走，——这里且得补一笔，有一条警察署的告示贴在小便远行的旁边，只贴了三天，"此处禁止便溺如违带署罚办"。因为到了一位新署长，是一个学生出身，见了这个城市太不讲究清洁。所以马旺火要带四火走。四火也就有点舵转不过来。幸亏卖麻糖的吴细叔走来了，上前解劝。马旺火说明原委。

"好好，算了，算了，都是眼面前的几个人。"

于是吴细叔插在当间,他们两位隔了吴细叔吵嘴。

"你是狠你就跟我走!"

"跟我走!走到九江去了王八你晓得吗?"

"四火,这就是你的不是。"

然而四火走了。气坏了这一位警察,吴细叔一把拉住他。马旺火的女人去年冬天跟人逃了,所以四火这样下场。拿了二百钱那里去混了一大半天?我们所晓得的,他走张大嫂门口路过的时候喝得脸红。这位张大嫂就是首先就介绍过的那个张大嫂,寡妇人家。四火过路,一个挑大粪的也过路。今天真是多事之秋,四火一碰把一桶的大粪碰泼了许多。四火只碰了挑大粪的一下,而大粪就碰泼了。张大嫂同她的小姑娘正在那里吃饭,张大嫂就不吃饭,跑出来一把拉住挑大粪的。

"你走!看你走得脱走不脱!"

拉住了怎么走得脱?然而挑大粪的想一脚走脱。

"你把我怎么样?又不是我有心碰泼的,是他碰了我一下。"

指四火的背。

"我不管许多,你把我的门口扫干净!"

扫干净算不了什么，挑大粪的就放下他的担子。

"你给一把扫帚我，——没有扫帚我怎样扫呢？"

"啐你妈的脸！我给扫帚你扫大粪？"

"不要开口就骂人，我不是今天上街的乡下人，多不说，这条街我一天要走两回。"

于是他走回路了，丢下他的大粪。

"我不看你是一个寡妇人家，算不给你扫。"

且走且低头说。他也知道张大嫂是寡妇人家。四火早已走得不见了，落得干净，他怕张大嫂把他也拉住。寡妇人家，谁都不敢惹，尊重。夫人必自侮而后人侮之。这位挑大粪的为什么走回路呢？不远，他刚从那里挑粪来，又回到那里去，那个人家的茅厕里他放了一把扫帚。那么他还得来回一趟。

四火回家很晚，王二嫂统率了三个鬏鬏早睡了。睡了王二嫂的破蒲扇没有放手，喳喳不休，蚊子太多。留得大门未闩。四火轻轻一推开。还咳他一声。天上打雷，打雷不下雨。四火趁着电光一倒倒到他的竹床上睡下去了。言其北窗之外电闪而已，不然难道他不睡不成？还给他留一盏灯不成？

"喳！"

扇子拍蚊子,——一喳便悟,用不着想。他的头上也有蚊子,然而不管。

"喳嗒!"

扇子滚到地下来了,没有捏稳,睡着了,——稍想了一下。然而王二嫂一翻翻下来了,起初四火毫不知,等待忽然——

"喊吟喊吟……"

那么起来屙尿!

"轰轰!"

打雷。

闪。

"轰轰!"

打雷。

"呼呼。"

四火打鼾了。四火毫不知。这样今天过了。过了一天又一天。不过半月工夫,四火这才实在没有办法。王二嫂动不动打鬏鬏,打得王二嫂巴掌红,鬏鬏屁股红。四火说王二嫂是打气,是打他。也只好不论。出去,回来。回来,出去。回来,白日就躺在门口树脚下睡觉。一天,睡觉醒来,大鬏鬏一屁股黄泥巴摆在四叔面前，鬏鬏们和土作盘筵，四叔打他一巴掌。鬏鬏倒不在乎，掉转头来同四叔玩。

"四叔，我妈说你不要脸。"

四火打一个呵欠。

又一天，睡觉醒来，听得张妈妈在那里咬舌，或者是张妈妈把他喊醒了也未可知。张妈妈的鸡被谁偷走了一只。张妈妈喊得甚费气力，叫人想到人是应该有舌头的，舌头不应该有毛病。

"那一个短阳寿的！害我！偷我的鸡！"

四火既然醒了，也还不起来，躺在那里学舌：

"偷你的屄！"

（应该声明：此地是记者遵照唐有壬先生的写法，四火只不过故意把音变了一下。）

于是讲一个故事自己听，以醒瞌睡——

"一个咬舌婆，一天晚上，深更半夜里，有一个人摸到她家里去，把她的鸡偷走了，把她的鸭子也压死了，还朝她的墙上屙一泡屎。第二天清早她爬起来，一看，鸡不见了，鸭也压死了，墙上还屙了一泡屎，她就跑到大门外一喊！一喊：'是那一个短寿的!夜里跑来偷我的尿!把我压也压死了!还要屙一泡屎我的床上!'大家听见了都跑来了……"

"我可怜!害我!偷我的鸡!"

(一九二九年,九月)

枣（旅客的话一）

我当然不能谈年纪，但过着这么一个放荡的生活。东西南北，颇有点儿行脚僧的风流，而时怀一个求安息之念，因此，很不觉得自己还应算是一个少年了。我的哀愁大概是少年的罢，也还真是一个少年的欢喜，落日西山，总无改于野花芳草的我的道上，我总是一个生意哩。

近数年来，北京这地方我彷徨得较久，来去无常，平常多半住客栈。今年，夏末到中秋，逍遥于所谓会馆的寒窗之下了。到此刻，这三个月的时光，还好像舍不得似的。我不知怎的，实在的不要听故乡人说话，我的故乡人似乎又都是一些笨脚色，舌头改变不过来，胡同口里，有时无意间碰到他们，我却不是相识，那个声音是那样的容易入耳……唉，人何必丢丑呢？实在要说是"乞怜"才好。没有法，道旁的我是那么感觉着。至于会馆，向来是不辨方向的了。今年那时为什么下这一着棋，我也不大说得清。总之两个院子只住着我一人。因为北京忽然不吉利，人们随着火车走了。我从那里得了这消息，也不大说得清。

我住的是后院，窗外两株枣树，一株颇大。一架葡萄，不在我的门口，荫着谁之门，琐上了，里面还存放有东西。平常也自负能谈诗的，只有这时，才甚以古人青琐对芳菲之句为妙了，多半是黄昏时，孑然一身，葡萄架下贪凉。

我的先生走来看我，他老人家算是上岁数的人了，从琉璃厂来，拿了刻的印章给我看。我表示我的意见，说，"我喜欢这个。"这是刻着苦雨翁玺四个字的。先生含笑。先生卜居于一个低洼所在，经不得北京的大雨，一下就非脱脚不可，水都装到屋子里去了，——倘若深更半夜倾盆而注怎么办呢，梨枣倒真有了无妄之灾，还要首先起来捞那些劳什子，所以苦雨哩。但后来听说院子里已经挖了一个大坑，水由地中行。

先生常说聊斋这两句话不错：

    姑妄言之姑听之

豆棚瓜架雨如丝

所以我写给先生的信里有云：

"豆棚瓜架雨如丝，一心贪看雨，一旦又记起了是一个过路人，走到这儿躲雨，到底天气不好也。钓鱼的他自不一样，雨里头有生意做，自然是斜风细雨不须归。我以为惟有这个躲雨的人最没有放过雨的美。……"

这算是我的"苦雨翁"吟，虽然有点咬文嚼字之嫌，但当面告诉先生说，"我的意境实好。"先生回答道：

"你完全是江南生长的，总是江南景物作用。"

我简直受了一大打击，默而无语了。

不知怎么一谈谈起朱舜水先生，这又给了我一个诗思，先生道：

"日本的书上说朱舜水，他平常是能操和语的，方病榻弥留，讲的话友人不懂，几句土话。"

我说：

"先生，是什么书上的？"

看我的神气不能漠然听之了，先生也不由得正襟而危坐，屋子里很寂静了。他老人家是唯物论者。我呢？——虽是顺便的话，还是不要多说的好。这个节制，于做文章的人颇紧要，否则文章很损失。

有一个女人，大概住在邻近，时常带了孩子来打枣吃。看她的样子很不招人喜欢，所以我关门一室让她打了。然而窗外我的树一天一天的失了精神了，我乃吩咐长班："请她以后不要来罢。"

果然不见她来了。

一到八月，枣渐渐的熟了。树顶的顶上，人不能及。夜半大风，一阵阵落地声响，我枕在枕头上喜欢极了。我想那"雨中山果落"恐怕不及我这个。清早开门，满地枣红，简直是意外的欢喜，昨夜的落地不算事了。

一天，我知道，前院新搬进了一个人，当然是我的同乡了。小便时，我望见他，心想，"这就是他了。"这人，五十岁上下，简直不招我的反感。——唉，说话每每不自觉的说出来了，怎么说反感呢？我这人是那样的，甚是苦了自己，见人易生反感。我很想同他谈谈。第二天早晨，我正在那里写字，他推开我的房门进来了。见面拱手，但真不讨厌，合式，笑得是一个苦笑，或者只是我那么的觉着。倒一杯茶,请他坐下了。

他很要知道似的,问我:

"贵姓?"

"姓岳。"

"府上在哪里?"

"岳家湾。"

"那么北乡。"

这样说时,轮了一下他的眼睛,头也一偏,不消说,那个岳家湾在这个迟钝的思索里指定了一遍了。

"你住在哪里呢?"

"我是西乡,——感湖你晓得吗?你们北乡的鱼贩子总在我那里买鱼。"

失礼罢,或者说,这人还年青罢,我竟没有问他贵姓,而问,"你住在哪里呢?"做人大概是要经过长久训练的,自以为很好了,其实距那个自由地步还很远,动不动露出马脚来了。后来他告诉我,他的夫人去年此地死了,尚停柩在城外庙里,想设法搬运回去,新近往济南去了一趟,又回北京来。

唉,再没有比这动我的乡愁了,一日的傍午我照例在那里写字玩，院子很是寂静，但总仿佛不是这么个寂静似的，抬起头来，朝着冷布往窗外望，见了我的同乡昂着他的秃头望那树顶上疏疏几吊枣子想吃了。

1929 年 12 月 29 日

墓（旅客的话二）

三月杪，四月初，北地也已渐渐是春天了，写信问友人，"西山的房子空着么？"回信道，"你如果去，那真是不胜借光之至了。"于是我又作西山之客了。这所谓春天，只在树上，树又只是杨柳，如果都同我的那位朋友一样（神安他的灵魂！）要那个草的春天，春雨细，到哪里行呢？实在我也算得同党。杨柳而外，山阿土埂，看得见桃杏开花，但这格外使人荒凉，因为，从我们来看，桃花总要流水，所谓花落水流红，为什么在这个不毛之地开得全无兴会呢？

天气是暖和的，山上的路，骑驴走，平原在望，远远近近尽是杨柳村，倘若早出晚归，夕阳自然的没有了，转过山阿，忽然看见那边山上，天边，蛾眉之月，那这个春天才美哩。若有人兮天一方！

这既不是春又不能说秋的北京春天。

西山之横山，就葬着我的那位朋友。横过横山，一条马路，通往八大处的，山南山北亦所必经，上山第三天我出去玩，不由得下了驴子一觅"徐君"了。荒冢累累，认得一块碑。"江西铜鼓欧阳丁武之墓"，这是几个大字，右边则刻着：

春草明年绿

王孙归不归

吾友生平爱好此句爰为

书之于其墓

往下署了我的名字。我喜欢照我的排列，空白多好看，不肯补以年月日。三年以前，记得是过了重九不久，所以不是九月也必定是十月，欧阳君竟以养病西山而长辞了。其时我是偶尔来玩，适逢其会，他的长兄在场，说我们是朋友，请写一块碑，我承认了。这些事我是不大有意见的，但写好了一看，觉得可哀了。

颇有意兴的想到身世这个题目上面去。小毛驴一走一颠簸，赶驴子的一脸的土,很是诙谐的样子,自己便仿佛是"吉诃德先生"一流人物了。孟轲骂杨墨,"无父无君,是禽兽也"断章取义,我倒有点喜欢借用这一个批辞。我不知因为疲倦了的缘故呢还是什么,对于人世间成立的关系,都颇漠漠然,惟独说不出道理的忠实于某一种工作。或者是忠实罢了,实在这两个字也用得我自己不大明白。但对于这一句话好像很明白:"有杀身以成仁,无求生以害仁。"为什么想到这一句话?今之世其乱世乎?唉,这恐怕还是少年血气用事,莫以为得了意思才好。人何必要现得人类的野蛮呢?野蛮也要让他与我无关。这些话都跟着驴子跑起来了,原来我所分明的可怜我自己的是这一点:惟独当面对了死人,有时仅是一张照片,无论与我什么关系——死人呵,我又不胜惶恐了,生怕我有什么罪过似的,但我不能不天真的说,那一下子我简直的起了一个侥幸的心喜,"我不管了"一个实实在在的意识。唉,原来我同人类是这样的共运命。

死人而已盖黄土者那又不然,于我的朋友更不相干,他是诗人,自有世界,自然应该疏远了。

本地女人驾驭的本领比我高明得多,她的驴本来在后面响铃,一下跑过我好远了。我看她自由自在,打坐而骑行,好不羡人。

我住的是横山南。所谓"山南山北",大概就以横山为言。西山名胜都在山北,我却不要多走,讨厌那一块儿的人物摆布得如同电影上出现,因此便是卧佛寺之楸树,古树开花我所爱看的,也打断了探访的兴致了。邻居是一些满人,生活苦行为则大方,尤其是女人和姑娘们,见面同我招呼,那话就说得好。一天我向一位老太太打听,"你们这儿还有那儿可玩么?""可玩的你都到过了,山北你又不去,——实在没有那儿可玩。""昨天我跑到山顶上,望见东南一个很大的树林,是什么地方呢?""啊,你说的是王坟罢。"她思索了一会。

那必然是"王坟",我乃徒步去看王坟了。首先夺目的是那树林的颜色,我没有见过这么样子的树,真是绿得醉人。但一点也不现得他浓艳,不,怎么想到这个字面上去,依然是叫人清明的,非一日之可几了,经历岁时的光芒。不是白杨,是什么树呢?我踟蹰于路上,遇见摇鼓卖糖果的,问他他说"小叶杨"。反正什么也罢,我今天能够站在这个树林底下了。

仰望许多叶子我歇息着,我不晓得要感激什么才好,这实在是一个恩惠。我又颇寂寂然,起来徘徊着走,这么一个深林里为什么不见一个人呢？我的意思是一个理想中人。我又实是不懂恋爱的。我的灵魂是多么崇高呵，这样我很自傲岸。

范围甚不小，有不少的陈迹，我都不喜欢查考，一迳去过桥，最前面一对石狮子，一架弓形的石桥。我是喜欢过桥的。可惜桥下无水流了。

是什么人呢，要在我们江南一定是放牛的小孩子淘气了，于一株盘根错节的松树之荫可以坐下两个人的长石头中央刻着棋盘，分明不是原来之物。仔细一看，这个棋盘讲究得很，或者世间有那样的高人也未可知。我不禁记起一句诗来了，"世间甲子须臾事，逢着仙人莫看棋"。生怕见笑于大方之家，只好掉头不顾的循了我的归途了。

有一个地方名叫小熊儿，名字殊不可解，离西山畜牧场不远。小熊儿的井泉据说最好，其实都是些穷朋友，朝不保夕的，三四里路之远也来挑他一担回去泡茶喝。我曾经在这井泉旁边坐过不少的时间的，银杏二株临其上，那是因为白日当天，走路走得热了，绕道去乘凉。但这个已经不是我的小熊儿了，——小熊儿，莫非我真怀恋你么？

春天告诉我们要来，终于我不像看见了春天，此地的夏又来得太无情意了，明明牛山濯濯，几日的大雨，开窗一看，忽而草何深呢？然而已经够我欢喜了。我想小熊儿那里必定好玩，太阳落到山那边去了，我去逛小熊儿。宿雨初晴，一路上新鲜之气，一块小石头也自嗅得出，山色如画，晚照宜人，在我简直是一种晨光，我不知从何而来，往何而去了。殊动了音乐之感，想那嵇康的顾日影而弹琴恐怕很有意思，那个音乐应该好听。小熊儿已经在望了，一条小径上蜒，草绿成波，到了顶上头才有那两棵大树，石头牌坊很是白，几步阶石好像草里头长的。这些我忽然都不见了，是那里来的一位姑娘肩上一担水踏了石阶下来。——

唉，这难道是人间走路的样子？女人她的步态与腰身格外好看的，她的衣裳也无有不合身材的了，何况肩上挑了一担水。

我已到了这草坡的中途，只好拣了一块石头上坐下了。此刻回想起来，很是可怜，有似于罗丹的一座雕刻，那么的垂头枕肱，着地而想，不过实在没有思想，平白的飞不起一个没有翅膀的爱神罢了。她跃我而过，我未抬头。慢慢的我朝下望，她把她的担子放下了，那里聚着男女好几人，大概都是眼下那个村子里的。她同他们谈话，我听不见声音。我想她一偏头，始终只是头发看得分明。畜牧场的牛在路边放，一匹大弯角牛走近姑娘的水桶要喝水，她反跑开水桶好远了。并不真是怎么害怕，女人的最是美好的一种表现罢了，站在那里惊异的笑一声了。

我看着那牛越走越近，心里实在着急，仿佛世上的事都没有办法。后来那个放牛的一声喝，赶快几步来赶开，我是怎样的怅惘呵，为什么我没有做了这一个高贵的工作呢？

姑娘的后影草上不见了，转进那个村子里去了。

后来我什么时候走了，我不记得，但我总若置身在那个黄昏里，夜不曾袭来。

1930 年 1 月 12 日

莫须有先生传（节选）

第二章　莫须有先生下乡

莫须有先生为什么下乡，也是人各一说，就是乡下的侦缉队也侦不明白了，只好让他算了。蓑衣老人访他那一天，彼此都不肯多说话，莫逆于心，他说了一句："乡下比城里贱得多。"我们似乎可以旁观一点，但那么一个高人岂是这么一个世俗的原因？不知道的不必乱说，知道的就无妨详细，且说莫须有先生那一天下乡。

莫须有先生一出城就叫了两匹驴子，一匹驮莫须有先生，一匹，当然是莫须有先生的行装，一口箱子一捆被。还有一个纸盒儿，里面活活动动的，赶驴子的不晓得是什么玩艺儿，——莫须有先生又不像耍把戏的天桥老板？要从莫须有先生的手上接过去：

"莫须有先生，你这是什么东西？也给我，都绑在一个驴上，几十里地，走也走一半天，拿在手上不不方便吗？"

"这是我的闹钟呵，我买了好几年，搬家也搬了好几次了。我总怕我清早不能早醒。所以别的我还不说，我的钟我总不肯让我的房东拿去了。"

莫须有先生似乎有点乏了，无精打采的。他的几个房东都是几个老女人，而今天早上，那一双"京东"的小脚，简直不高兴莫须有先生要打鼓的进来，很不耐烦了。

"你赶快把东西绑好呵，我要到那头赶午饭呵。"

"我也巴不得说话就走！站了一半天，问你这个匣子是你自己拿着还是怎么样——你不说话还要着急！我比你还着急！"

原来刚才莫须有先生并没有说话，是站在那儿想心事。这位驴汉实实在在着急，说话一嘴口涎，把莫须有先生弄得退后一步了。其实是想道理，依然安安稳稳的双手叉腰立正，年青的时候动不动就爱打架，现在脾气应该学好一点了。

"这是我的一口钟，路上颠颠簸簸的，我自己拿着。"

城门之外，汹汹沸沸，牵骆驼的，推粪车的，没有干什么而拿了棍子当警察的，而又偏偏来了一条鞭子赶得一大猪群头头是猪，人人是土，莫须有先生呢，赶忙躲开一点，几乎近于独立，脖子伸得很长，但这么一个大灰色之中无论如何伸不出头来，瘦伶仃的，立在那儿真真是一个地之子了。

驴汉其二，他是不大着急的，四面光顾莫须有先生——

"莫须有先生，我们要走呵。"

莫须有先生从他的背后掩鼻而趋之道：

"我在这里。"

于是莫须有先生觉得他要离别这个他住得很久的城门了，他也不知道为什么了。

走了还是不大走，非敢后也，驴不进也。驴不是不进也，人太挤也。一位算命的先生也拄了他的棍子夹在当中走，莫须有先生的驴汉冲锋道：

"边走！"

这一来，瞎子拄了棍子而不走了，而且摆起他的瞎子的面孔，昂首而侧目：

"我劝你和气一点罢。"

"对，人总要和气一点。算命先生，你让开我们一步罢。"

莫须有先生得意得很,给了这个家伙一个教训了,驼了他的背,拉了他的驴绳。算命先生也得意得很,就让开一步了。

"算命先生,我的胯下是一匹呆相驴,如果高车驷马的话,唉,我一定向你行一个古礼了,这我怕它把我摔下来了。"

"你走你的罢。"

算命先生,你也走你的罢,莫须有先生一走一低昂已经过去了。

"赶驴的汉子,你难道不看见吗?那位瞎子先生多么从从容容呵,我爱他那个态度。"

"我不看见!我不看见我不也是瞎子吗?——王八蛋操的!我看你往那里走!"

驴要往那个阴沟里走,一鞭子从屁股后来,把莫须有先生吓得一跳,开口不得了。

于是无声无臭的约莫走了半里地,依然是百工居肆以成其市。莫须有先生忽然一副呆相,他以为他站起来了,其实旁观者清,一个驼背,生怕摔下来了,对了面前打着一面红旗一面绿旗的当关同志道:

"喂喂,慢一点!慢一点!——我就只有这两匹驴子。"

说到"我就只有这两匹驴子",莫须有先生已经吞声忍气了,知道了。

"糟糕,屙尿的工夫。"

而一看,不言不语,首尾不相顾,都是巴不得一下子就飞过去的人,都给这一个铁栅栏关住了。原来这里是铁道与马路的十字交口,火车要经过了。

莫须有先生仔细一看,他的驴汉缺少了一位,仓皇失措,叫驴汉其二:

"驴汉其二,你的那位朋友怎么逃了呢?你怎么一点也不留心呢?"

这位朋友撅嘴而指之,莫须有先生愁眉而顾之,这才放心了,他在那里小便。

"人总不可以随便寻短见呵。"

这是怎的,莫须有先生就在最近曾经想到吊颈乎?我们真要把他分析一下。然而呜的一声火车头到了,大家都眉飞色舞,马上就可以通过去了。而莫须有先生悬崖勒马,忘记了他是一个驼背——

"这都是招到山西去打仗的兵呵,怎么这么多呵。一辆又一辆，你们连一个座位都没有呵。你们的眼光多么怯弱呵。父兮母兮，天乎人乎，吾思而使尔至于此极者而不可得也。刚才我一出城门的时候，看见一个人赶一个猪群，打也打不进城，钻也无处钻，弄得我满脸是土，不舒服极了，现在你们又在我的面前而过呵，弟兄们呵。唉，上帝，莫须有先生罪过了，他的心痛楚，这都是他的同胞呵，他的意思里充满了那一些猪呵。然而我不能不这样想呵。你们叫我懂得了一个道理。从前我总不明白，人为什么当兵呢？那不明明白白的是朝死路上走吗？然而他是求生呵。人大概总是要生存的，牲口也是要生存的，然而我们是人类，我们为难，便是豢养，也是一个生之路，也得自己费心呵。这是怎样的残忍呵。我们实在是辛苦呵。为难的就在这生与死间的一段路，要走呵，我看得见你们的眼光的怯弱呵。至于打起仗来，生生死死两面都是一样呵，一枪子射过来，大概没有什么的罢，一个野兽的嗥叫罢了。这个声音悲哀呵。实在的，马牛羊，鸡犬豕，此六畜，人所食，都有这一个嗥叫。上帝呵，弟兄们呵，命运呵。而今而后，吾知免夫。我要努力。"

莫须有先生忘形了，他掉了一颗大眼泪。而栅栏门一开，肩相摩，踵相接，莫须有先生走也走不进。

到得真真到了乡下，莫须有先生疲乏极了，栽瞌睡，一走一低昂，惹得那一位驴汉不放心，厉声道：

"莫须有先生，你别睡着了！我看你不大像骑过驴的，一摔摔下来了就怪不得我！"

莫须有先生闭了眼睛不见回音。驴汉其二，瞧一瞧莫须有先生的样儿，耻笑道：

"这个人真可以。"

"你们不要骂我呵，让我休息一下呵，你们走慢一点就是了。唉，旷野之上，四无人声，人的灵魂是容易归入安息的。"

"前儿就是这儿出了事。"

驴汉其一自言自语，而莫须有先生的睡眼打开了——

"出了事？出了什么事？"

"两个强人把一个庄稼佬的五十块钱抢走了，还朝他的腿子上来一刀。"

"嗟夫，我的腰怀也有三张十块的票子，是我的半年内修行之资。"

莫须有先生他以为他站住了，摸一摸他的腰怀，而且糟了，明明自己告诉这两个强人了，腰怀三张十块的票子！事至于此，乃小声疾呼道：

"你们把我往那里驮呢？我明白，我完全不能自主，我不能不由你们走，你看，你们完全有把握，一步一步走，莫须有先生要站住也奈你的驴子不何了。"

"莫须有先生，你看，前面来了一乘花轿。"

"驴汉其二，你比你的朋友高明得多，他动不动就吓唬人，我看了你我就放心了。对，一乘花轿，这个旷野上走得很寂寞呵，一点也不热闹，然而看起来很好看呵，比城里之所见大不同。这不晓得是谁家娶媳妇，新姑娘她的肚子不晓得饿不饿？走了多远？"

"莫须有先生，你的肚子饿了吗？我们刚刚走了一半。"

"我不饿。这位新姑娘不晓得是长子是矮子，如果是一位美人的话，总要长高一点才好，那才合乎凌波微步，罗袜生尘，否则，唉，把人类都现得矮了，令我很难过。"

"莫须有先生，矮子倒有好处，做衣服省材料。"

"驴汉其二，你不要胡说！你再说我就下来打你！"

莫须有先生伤心极了，不知为什么，我们简直疑心有一位姑娘爱他，人长得矮一点。

前面到了一个所在，其实什么东西也没有，平白的孤路旁边五棵怀抱不住的大树，莫须有先生一望见那树荫儿，振起精神出一口鸟气：

"好了好了，到了到了。"

"到了还有五里！"

"你们无论如何非下来不可，莫须有先生要在这个树脚下躺一个午觉。这个太阳把我讨厌死了，我的身上有三十块钱，本来应该有五十的，那个小滑头骗了我，几时我再进城同他算账，我只怕他一见面就恭维我那就糟了。我不怕强人，我连虎列拉都不怕还怕强人干什么呢？你们只听我的话下来就是了。我舍不得这个大树的荫凉儿好。万一他乘其不备，把我的财物抢去了，把我的生命也夺走了，同裁缝杀张飞一样，趁张飞睡觉，那天下事也就完了，算不了什么。不瞒你说，因为你们两位今天也辛苦了一趟，不多的日子以前，我简直想出了一条妙计，只是我不肯同我的爱人开口呵。我想，反正是没有什么意义的，我不如同我的爱人一路去游历一回，观一观海，一跳，同登天一样的踏实，手牵手儿，替天下青年男女留一个好听的故事，而我呢，实在也落得一个好名誉，情死，因为单单自杀，总怕人说我是生计问题，怪不英雄的。我的爱人呵，你现在在那里呢？你也应该努力珍重呵，人总要自己快乐一点才是。莫须有先生现在正骑了驴子在乡下走路了，前面便是一个好休息之所，你不要挂念。"

怎的，树脚下一只野兽，是狼？莫须有先生又站住了，探头探脑——

"喂，你们二位小心，不要走，那树脚下是什么东西，别让它害了我们的性命。"

"莫须有先生，你简直是一个疯子，一只骆驼怕什么呢？"

"骆驼？对，一只骆驼，还有一个汉子伸脚伸手躺在那里哩。也难怪我，你们是走近来了才看见是一只骆驼，一，二，三，四，五，这五棵树都多么大呵，所以我远而望之以为是狼哩。唉，鹞鹰飞在天上，它的翅膀遮荫了我的心，我没有见过这么好的树，干多么高，叶多么绿，多么密，我只愿山上我的家同这路上的大树一样——还有几里地就到了，二位驴汉？"

"五里。"

"那么你就传出去，离莫须有先生家有五里，路边有五棵大树，于是树以人传，人以树传，名不虚传。"

第四章　莫须有先生不要提他的名字

莫须有先生接着就跟了他的房东太太上他将要久住的家了，心里怪难受的，不知为什么，好像自己同自己开了一阵玩笑，而西山的落日，同你打一个招呼，他一点也不肯游戏，告诉你他明天还得从东方起来。总之你从一个路人得到了一个着落，于是你完全是一个漂泊家伙了。而且，人世的担子，每每到了你要休息的时候，它的分量一齐来了，而一个赤手空拳之人，就算你本来是担了一个千斤之重，儿童相见不相识，笑问客从何处来了。然而莫须有先生没有这些，他怕他是一个小偷，因为他跟在他的房东太太的后面担心狗来咬哩。

"唉，房东太太，人这个东西很有点儿自大，他不以为他可笑得很，到了日暮途穷的时候，他总有个前不见古人后不见来者之概，他能够孑然独立，悲从中来。"

"莫须有先生，你不要瞧不起人，我们两个老夫妻，居常过日子，总不敢得罪人，好比我现在把你莫须有先生招了来，一月有几块钱，人家也都不嫉妒我，决不能想出法子来弄得你不能安居，好比失物啦，口角啦，这类的事情是包管没有的。"

"口角我倒也不怕，我最喜欢看你们老娘儿们吵嘴，——我们两人讲话无从谈起了，我讲的是那个，你谈的是这个。"

"你的话也并不难懂，只是还带了一点湖北调子，——唉，说起来真是，我在武昌城也住了七八年呐，那时我家老爷子在湖北做官。"

"那你住在那一条街呢？——嗳呀，你这一说不打紧，可把那一座城池完全替我画出来了，我虽然不是在那里头生长的，在那里也念过好几年书，街头巷尾都走到的。我很想回去看一看。我有许多少年朋友都在那里生生死死，都是这个时代的牺牲者，所以，那个城，在我的记忆里简直不晓得混成一个什么东西了，一个屠场，一个市场，一个个的人都是那么怪面熟。我也不肯说我是一个慈悲主义者。"

"到了。"

老太婆这一说，很知礼的回身一笑，对了莫须有先生站住了。莫须有先生也双手叉腰立正，仿佛地球上的路他走到了一个终点，站在那里，怪好玩的。

"莫须有先生,请进。"

莫须有先生不进,贪着风景,笑得是人世最有意思的一个笑,很可以绘一幅画了。

"我站在这里我丰富极了。"

"你如果喜欢凉快,你就在这个石头上坐一坐,我去沏一壶茶来,不要老是那副呆相,叫人看着怪可怜的。"

老太婆简直有点生气,皱起眉毛来,这一低眉,她把她的莫须有先生端端正正的相了一相了,慈母手中线,游子身上衣了,莫须有先生的可怜的皮骨她都看见了。

"嗳哟,莫须有先生,你的脖子上怎么那么多的伤痕?"

"过去的事情不要提,我也算是九死一生了,——我们两人的话都说得殊欠明白,单从文字上看来,人家要疑心莫须有先生是一个红枪会似的,刽子手割他不断。非也,我生平最不爱打拳,静坐深思而已。我害了几次重病,其不死者几希。"

"唉,这么个好人,遭了这么多的磨难。"

"医门多疾,不要把自己的事情看得那么大,那是于自己一点好处也没有的,——我且问你,我的门口这几棵槐树栽了多少年呢?很不算小。"

"你的门口！你的门口你怎么不晓得呢？我还没有得你的租钱我的房子就典给你了！"

"你也未免太那个了，太是拜金主义了。我以后总不说话。令我怪寂寞的。我的意思只不过是羡慕这四棵树不小，——我常想，今之人恐怕连栽一棵树的意思也没有了，目光如豆。"

"别急，别急，是我一时发牢骚，你请进。"

说着她几乎要援之以手，怕莫须有先生从此杳然了，昔人已乘黄鹤去了，那她的房子可又要闲着了。莫须有先生就跨步而进，鼓一肚子的气，而且咕噜着。但是，一进去，一位姑娘——可不是吗？从那边的窗玻璃探头而望！是坐在炕上做活哩。莫须有先生只看见了头发，看见了头发下的一面，就不看见了，于是站在那里动也不动了，做诗了。

"庭院深深深几许？老太婆呵，世界实在同一块玻璃一样的不是空虚。我常常喜欢一个人绕弯儿，走一个人家的门前过，过门而不入，因为我知道那里头有着个可人儿。然而那也要工作得意的时候，否则我也很容易三魂渺渺，七魄茫茫，简直站不住了。唉，在天之父，什么时候把你的儿子平安的接回去，不要罚我受苦。"

"我去端条凳子出来,咱们两人就在这院子里坐坐。"

老太婆就那么得意,去端凳子了。莫须有先生立刻也得了救,因为有点活动起来了,好像一个小耗子,探头探脑,但听得里面唧哝唧哝一大堆,听来听去一连有好几个"莫须有先生",有的加了一个问号,有的又表示惊叹,即是稀罕,缘何到此?最后一句则完全不是娇声,板凳快要端出来了,这么一个汗流浃背的神气——

"他要租咱们的房子住,——姑娘,等一会儿你就出来见一见。"

姑娘大概就在那里张罗什么了,一声不响的。

"莫须有先生,咱们这个院子好不好?一共是七棵枣树,——你请坐。"

"我的这个名字没有大起得好,曾经有一个朋友表示反对,本来一个人的价值并不就在乎他的名字,但在未见面以前它简直应该是一个神秘,我有许多天上人间的地方,那简直是一个音乐,弹得好听极了,决不是'莫须有先生'所能够表现得出来,——总之你在人前不要随便提我的名字,要紧!"

"那你顶好是躲到书房里去,十年不下帷!——我随便讲讲怕什么呢？"

说着她把她的嘴鼓起来了。莫须有先生也把他的嘴鼓起来了。幸而头上掉了一颗枣子，砰的一声落地好响，把莫须有先生的脑壳抬高了，不期而开口：

"结杏子的时候你们山上怎么就有枣子？"

"大概这个枣子于我们家里的日子很有关系，而你的精神上也受了一点伤，不知不觉的就碰出来了。七棵树，你看，去年一共卖了一百五十斤，我自己还晾了二十来斤，——一会儿我的外甥女儿就拿出来，我叫她拣那好的盛一碟子，请莫须有先生尝尝我们乡下东西。"

外甥女儿就出来了，一出来就来得很快，——然则站在门缝里还瞧了两下不成？来得很快，以至于要摔一交了，跨过门槛的时候脚不踩土了，然而把我们的莫须有先生站起来了——

"姑娘，你吓我一跳。"

姑娘已经就低下头去，纳踵而履决了，莫须有先生一看也就看见了，赶忙称赞道：

"姑娘，不要害羞，不要以为我是城里人，这是一点也不要紧的，明天自己再做一双好鞋，只要是天足就好看了，——你不晓得，我们那里都是'满炕乱爬！'你不要错听了我的话，其实我那里并没有炕，我只是羡慕你姑娘们大家坐在炕上做活，谈心事，世事一点也不来纷扰，隔着玻璃望一望很有个意思。"

姑娘一站站起来了，满脸通红，偏了眼睛向她的"姨"虎视一眼，破口一声：

"你叫我出来！"

于是扔了枣子不管掉背而进去了。莫须有先生站在地球之上鸦雀无声了，凡事都不可挽回，连忙又坐下去。

"房东太太，我没有失礼罢？"

但房东太太望着屋子里鼓嘴——

"我叫你出来！叫你出来为什么不好好的就撤身进去呢？怕什么呢？人家笑咱们不知礼！"

连忙又光顾莫须有先生——

"莫须有先生，可怜见的，丫头今年一十六岁，三岁上父亲就没了，她的妈听她娇生娇养，我不在家就来替我看家。你不要见怪。"

莫须有先生望着那一碟枣子，不肯抬头。

"我的肚子现在也不饿，这个枣子真是红得好看，你且让它就在地下摆着，一会儿月亮就上升了。"

"不是你这一提我倒没了主意，——好在莫须有先生是一位高明，要是我们这乡下人，就说我的东西是舍不得给人吃，是摆看的。"

"你总是讲这样实际的话！真要讲，则你我的肚子都不行了，我的文章今天也不能交卷了，——你晓得这个夏天的日子是多么长，我们两人从什么时候一直说到现在？都是一些空话。我看我怎么好。唉，我的父亲常是这样替我担心。"

莫须有先生忽而垂头丧气了，仿佛他很抱歉似的，他的灵魂白白的跟他过了一些日子，将来一定要闹恐慌。其恐慌盖有如世间的经济恐慌哩。

往下的事情我们不得而知了，我们只晓得他老先生中了意，说他大后天就搬来，而明天鸡鸣而起，坐汽车跑进城，后天就是莫须有先生下乡了。

（选自《莫须有先生传》，开明书店 1932 年 12 月初版）

诗

梦 之 二

我在女人的梦里写一个善字,

我在男子的梦里写一个美字,

厌世诗人我画一幅好看的山水,

小孩子我替他画一个世界。

二十年三月十七日

琴

我是一个贪看颜色的人,
所以我成了一个盲人,
向来我笑人说花作影,
花为什么看他的影子,
我以为那一定是一个盲人,
如今我是一个盲人,
我的世界没有影子,
一切的颜色是我的涅槃,
天上我晓得有星,
黑夜不如我的光明,
我的世界没有生生死死,
我求我的夜借我一张琴,
弹一曲五色之哀音。

栽　花

我梦见我跑到地狱之门栽一朵花，

　　回到人间来看是一盏鬼火。

灯

人都说我是深山隐者，

我自夸我为诗人，

我善想大海，

善想岩石上的立鹰，

善想我的树林里有一只伏虎，

月地爬虫

善想庄周之龟神，

褒姒之笑，

西施之病，

我还善想如来世尊，

菩提树影，

我的夜真好比一个宇宙，

无色无相,

即色即相,

沉默又就是我的声音,

自从有一天,

是一个朝晨,

伊正在那里照镜,

我本是游戏,

向窗中觑了这一位女子,

我却就在那个妆台上

仿佛我今天才认见灵魂,

世间的东西本来只有我能够认,

我一点也不是游戏,

一个人我又走了回来,

我的掌上捧了一颗光明,

我想不到这个光明又给了我一个黑暗,——

从此我才忠实于人间的光阴,

我看守着夜,

看守着夜我把我的四壁也点了一盏灯,

我越看越认它不是我的光明,

我的光明那里是这深山里一只孤影?

我却没有意思把我的灯再吹灭了,

我仿佛那一来我将害怕了。

四月十五日

掐 花

我学一个摘花高处赌身轻

跑到桃花源岸攀手掐一瓣花儿,

于是我把它一口饮了。

我害怕我将是一个仙人,

大概就跳在水里淹死了。

明月出来吊我,

我欣喜我还是一个凡人

此水不现尸首,

一天好月照澈一溪哀意。

五月十三日

妆 台

因为梦里梦见我是个镜子,

沉在海里他将也是个镜子,

一位女郎拾去

她将放上她的妆台。

因为此地是妆台,

不可有悲哀。

五月十六日

自 惜

如今我是在一个镜里偷生,

我不能道其所以然,

自惜其情,

自喜其明净。

五月十六日

镜　铭

我还怀一个有用之情，
因为我明净，
我不见不净，
但我还是沉默，
我惕于我有垢尘。

　　　　　　　　　　　五月十六日

壁

病中我轻轻点了我的灯,

仿佛轻轻我挂了我的镜,

像挂画屏似的,

我想我将画一枝一叶之何花?

静看壁上是我的影。

五月十六日

理 发 店

理发匠的胰子沫

同宇宙不相干

又好似鱼相忘于江湖。

匠人手下的剃刀

想起人类的理解

划得许多痕迹。

墙上下等的无线电开了,

是灵魂之吐沫。

二五, 五, 一。

北平街上

诗人心中的巡警指挥汽车南行

出殡人家的马车马拉车不走

街上的寂静古人的诗句萧萧马鸣

木匠的棺材花轿的杠夫路人交谈着三天前死去了认识的人

是很可能的万一着了火呢

不记得号码巡警手下的汽车诗人茫然的纳闷

空中的飞机说是日本人的

万一扔下炸弹呢

人类的理智街上都很安心

木匠的棺材花轿的杠夫路人交谈着三天前死去了认识的人

马车在走年龄尚青蓬头泪面岂说着死人的亲人

炸弹搬到学生实验室里去罢

诗人的心中宇宙的愚蠢

        二五,五,三。

灯

深夜读书

释手一本老子道德经之后,

若抛却吉凶悔吝

相晤一室。

太疏远莫若拈花一笑了,

有鱼之与水,

猫不捕鱼,

又记起去年冬夜里地席上看见一只小耗子走路,

夜贩的叫卖声又做了宇宙的言语,

又想起一个年青人的诗句

鱼乃水之花。

灯光好像写了一首诗,

他寂寞我不读他。

我笑曰,我敬重你的光明。

我的灯又叫我听街上敲梆人。

星

满天的星

颗颗说是永远的春花。

东墙上海棠花影

簇簇说是永远的秋月。

清晨醒来是冬夜梦中的事了。

昨夜夜半的星,

清洁真如明丽的网,

疏而不失,

春花秋月也都是的,

子非鱼安知鱼。

雅读

十二月十九夜

深夜一枝灯,

若高山流水,

有身外之海。

星之空是鸟林,

是花,是鱼,

是天上的梦,

海是夜的镜子。

思想是一个美人,

是家,

是日,

是月,

是灯,

是炉火,

炉火是墙上的树影,

是冬夜的声音。

雅读

宇宙的衣裳

灯光里我看见宇宙的衣裳,

于是我离开一幅面目不去认识他,

我认得是人类的寂寞,

犹之乎慈母手中线

游子身上衣,——

宇宙的衣裳,

你就做一盏灯罩,

做诞生的玩具送给一个小孩子,

且莫说这许多影子。

寄 之 琳

我说给江南诗人写一封信去,

乃窥见院子里一株树叶的疏影,

他们写了日午一封信。

我想写一首诗,

犹如日,犹如月,

犹如午阴,

犹如无边落木萧萧下,——

我的诗情没有两个叶子。

五,八。

街　头

行到街头乃有汽车驰过,

乃有邮筒寂寞。

邮筒 PO

乃记不起汽车的号码 X,

乃有阿拉伯数字寂寞,

汽车寂寞,

大街寂寞,

人类寂寞。

散 文

"呐　喊"

我不是批评家,也不知道什么才算得文艺批评,平常只爱一篇一篇的读文章,来清醒我自己,扩大我自己。现在便报告这态度之施用于《呐喊》者。

我每当愤激或嫌恶的时候,总说不出话来,说话要心头舒服,发生了悲哀或同情;我的悲哀或同情的对象,不一定是高者伟者,——几乎都是卑者贱者,所以我崇拜"杀身成仁,舍身取义"的文天祥,我尤眷念那忠实地自白着"本图宦达,不矜名节"的李密。在文艺上,凡是本着悲哀或同情而来表现卑者贱者的作品,我都欢喜。

因此,《呐喊》里面合我的脾胃的是《孔乙己》了。

鲁迅君的文章,在零碎发表的时候,我都看过一遍两遍,只有《孔乙己》,到现在每当黄昏无事,还同着其他相同性质的作品拿起来一路读。正如著者在自序中那几句随便的对话："那么,你钞他是什么意思呢?""没有什么意思。"不过若问他有什么用,我却要郑重的踌躇一会。世间上的效用,有可计量的,有不可计量的,先生教我一章书,我立刻添了一章书的知识,放学回家见了母亲,我的脚跳起来了,脸上也立刻是一阵笑,——你能说母亲所给与我的不及先生那么多吗?我读完《孔乙己》之后,总有一种阴暗而沉重的感觉,仿佛远远望见一个人,屁股垫着蒲包,两手踏着地,在旷野当中慢慢地走。我虽不设想我自己便是这"之乎者也"的偷书贼,(我平素读别的小说如显克微支的《乐人扬珂》,梭罗古勃的《微笑》,仿佛我就是扬珂,就是格里沙。)但我总觉得他于我很有缘法。

鲁迅君的刺笑的笔锋,随在可以碰见,如《白光》里的陈士成,《端午节》里的方玄绰,至于阿 Q,更要使人笑得个不亦乐乎,独有孔乙己我不能笑,——第一次读到"多乎哉?不多也",也不觉失声,然而马上止住了,阴暗起来了。这可见得并不是表现手段的不同,——我不得不推想到著者执笔时的心情上去呵。

《故乡》,《药》,自然也有许多人欢喜,我也不想分出等级,说这一定差些，但他们决不能引起我再读的兴趣，——意思固然更有意思了，除掉知道更有意思而外，不能使我感觉什么。

临末我也说一句俏皮话：我在饭馆里，面包店里，都听到恭维《呐喊》的声音，著者"我决不是一个振臂一呼应者云集的英雄"的发见，可以说是不再适用了。——那么，鲁迅君，你还以所感到者为寂寞么？

四月九日夜十时。

从牙齿念到胡须

在纸上忽然填了这么一个题目,那么,我就写下去罢,——鲁迅先生,你知道吗?在这里有一个人时常念你!

有两个人,我想我们的趣味并不怎样相同的,然而我时常念他。一是盲诗人爱罗先珂,一便是鲁迅先生。那位盲诗人我只在课堂上见过他的面貌,听过他的声音,到现在我仿佛还看见他挤在那火车上的一角,倘若我会画画,我一定能够画出他当时的形相来,——那是因了 CM 先生的一篇文章罢。

鲁迅先生我也只见过两回面,在今年三四月间。第一次令我非常的愉快,悔我来得迟。第二次我觉得我所说的话完全与我心里的意思不相称,有点苦闷,一出门,就对自己说,我们还是不见的见罢,——这是真的,我所见的鲁迅先生,同我在未见以前,单从文章上印出来的,能够说有区别吗?

从此我没有见鲁迅先生,然而有时我还是觉得要见一面的,记得一天傍晚,我在大路旁闲步,从我后面驰过去一乘洋车,坐车的好像是鲁迅先生,特别是因为那胡子同外套,我预备急忙的去拉他的手,——车子走得远了。

我当初也"批评"过《呐喊》,那时还不知道作者有这么多的胡子(这个发现颇出我意外,)文人大抵是相轻的,(或者不如照鲁迅先生的话至少以无损于己者为限更为确当。)所以一面称好,一面又多少露出并不怎样佩服的神气,——这叫我现在笑个不住了,同时对于一般所谓批评文字(连吊唁的也在内)自信能分外了解。

鲁迅先生近来时常讲些"不干净"的话,我们看见的当然是他的干净的心,(这自然是依照蔼理斯的意见,不过我自己另外有一点,就是,我们的不干净也是干净,否则世上到那里去找干净呢?)甚至于看见他的苦闷。他在《从胡须说到牙齿》里谈笑话似的写他"执事"回来碰落门牙,读者诸君,你们读了怎样呢?我是阴郁的吁一声"唔!"

我们到底是有福的,——我在这里一吁,不可以一直波到鲁迅先生的唇边吗?

作 战

记得辛亥那年,我是十岁,我的哥哥告诉我黄兴在武昌做大元帅,并且称述他是怎样的一个英雄,我听了真是摩拳擦掌,立志要做这么一个英雄。一天我的堂兄从学校回来,他说他听见人家说武昌招募学生军,"我们也去吗?"我们真是忘了形,以为自己是纠纠的一个武夫,并不是晚上睡觉还要"来尿"的小学生,从父亲柜子里偷拿几张台票,跑去当兵。

我们的确也走了十里路之遥,走到那里,倘若真去就要上船了,然而我蹲在地下哭起来了,我的堂兄替我揩眼泪,牵我回家。

这一段小小的"传奇",颇足以做我过去生活的纪念,因为我后来完全没有那杀敌斩将的英雄气概了。提起"革命",我总有点愧于心而不敢出诸口,——我是怕杀掉脑壳的,而我又总把"革命"与"杀掉脑壳"连在一起。我的小孩时的朋友,真有几个在当兵,越发使我自惭,前年我预备出小说集子的时候,颇踌躇不决,我觉得这不像我所做的事了。

然而人世的经验,我一天多比一天了,我所见的革命志士,完全与我心里的不一样,我立刻自认我已经是一个革命志士!——除掉白刃架在脖子上以为是可怕,我还差了什么呢?

不知从什么时候起,这一"怕"似乎也渐渐的消灭下去了,而我也并不嘲笑从前的"怕",因为在我是同一的来源——我自己觉得如此,正如感到一切的苦甜一样。

从此我毫不踌躇的大胆的踏上我的"战地",——这两个字我用来真是充分的愉快,对得起血肉横飞的战地上的我的朋友。

我依然住在两年前的一间房子,捏着两年前一支秃笔。

狗 记 者

昨日段祺瑞嗾使卫队枪杀我群众,凡有血气,都誓与卖国贼不共天日的。北京许多报纸,一向是瞎眼迷心,为虎作伥,我们本不屑理会,早已当作异类的!

然而他们却会摆起"法律","公道"的狗脸,拿我们志士的血,作他们信口开河的资料!枪弹子还没有穿进我们的胸,我们的眼睛要替我们的死者睁开,我们的嗓子要替我们的死者提高,齐声打狗!

我从狗群中抓出一头来——渊泉!他在今天的《晨报》上做一篇鸟社论,充分表现狗伎俩。

大家不要以为我接着同他有什么辩驳,不,决不!我只痛恨我们当时没有"携带手枪",——不然此刻还容狗来插嘴吗?

"先除奸人，再言运动"，狗也会这样说。

三月十九日。

往 日 记

在这个题目之下,我想将我儿时的事情就其所记得的记下来。为什么呢?这样或者可以不假思索而有稿子,捏起笔来记得一点写一点,没有别的。大凡回忆类的小说,虽是写过去的事,而实是当时的心情,我这个不然,因为它不是小说,是一种记录,着重于事实,绝不加以渲染,或者可以供研究儿童心理者去参考。另外却还有一点意思,就是,我向来以为一个人的儿童生活状态影响于他的将来非常大,我们这一批将近三十岁的人原来是在旧时代当中做孩子过来的,这是一件有意义的事。今日的孩童,生在同样的地域,等他有朝一日来看我的这些过去的日记,真不知道话的是那朝事也,他们当然也就不要看这些东西。

十九年十月十七日。

一

　　我记得我第一次我一个人出城过桥的样子。大概是六岁的光景，想来总不能再小，确是不至于更大，因为我六岁上大病一次，不像这次病后的事情了。我的外祖母家距我家不过三里，我家住在城里，出城去一共要过三次桥。从小我惯在外祖母家，第一次没有大人带我，我独自走去，一个很好的三四月天气，那天上午，我的姐姐做了什么活计，好像是一双鞋，对我笑道："你能把这个东西送到外祖母家去吗？"我喜欢得了不得，连忙说能，而且一定要姐姐让我送去，姐姐就让我去了。我记得我一个人出城走路很得意，真是仿佛顶天立地的样子，一共要过三座桥，第一第三不记得，第二桥名叫"青石板桥"，在这三道河中，水最深，桥是石建的，没有可扶手处，（第一桥有铁丝可扶）我走在当中那个害怕的样子，我记得，及至一脚跨过去了，其欢喜真是无比。然而到了外祖母家，记得外祖母不在家，大家并不怎样稀奇，我自以为是一件奇事，我一个人走到这里来了，所以当下那个冷落的样儿我也记得。比这一回更以前的我的姐姐的样子我也不记得。

二

由我家往外祖母家第三座桥名叫"马头桥",马头桥也就是一个小市,我的姨母家就在这里。我从小也总在我的姨母家玩。马头桥的一头,河坝上,有一棵树我至今不晓得是什么树,有一天我一个人在桥头玩,忽然看见树顶上有两个果子,颜色甚红,我觉得橘子没有那样红,枇杷也没有那样红,大小倒是那样大小,我站在树脚下仰望不已,我没有法子把它弄下来,我真是想得很。我至今总仿佛有两颗红果在一棵树上。我无论在那里看见什么树结着红色的果实,我就想起那两颗红果来了,但总比不上它的颜色红,那真是红极了。

三

故乡很少有荷花,其实什么花都不多见,只是我喜欢看池塘里长出来的荷花与叶,所以我格外觉得这个好东西少有了。外祖母家门口便是一口塘，但并不年年长荷花，有的年头也长，那这一年我真是异景天开，喜欢的了不得，此刻我便浮现了我的那个小小的影儿站在那个荷塘岸上。我真想下水去摘一朵花起来，连茎带叶捏在手上玩，我也把那个长着刺的绿茎爱得出奇。我记得我在我的故乡还没有捏过荷花，我也没有告诉别人过说我爱荷花，只是自己暗地里那么的想得出神。

四

我小时是喜欢说话的，所以我的姨母曾经叫我叫"满嘴"。我又爱撒谎，总之我是一个最调皮的孩子，这个调皮又并不怎么见得天真，简直是一个坏孩子，对于什么都有主意，能干。然而在许多事情上面我真好像一个哑巴，那么深深的自己感着欢喜。我最喜欢放牛，可是我没有一次要求过让我牵牛去放，我总在坝上看他们放牛。有一回，记得是长工放牛回来的时候，我要他让我骑牛玩，我以为这一定是很容易的事，立刻我就骑上去，走不上几步我却从牛背上摔下来了，那个欢喜后的失意情境，还记得。上面说过，外祖母家门口有一口塘，黄昏时牵牛喝水，也是我最喜欢的事，我记得有时也由我牵到塘沿去喝，此刻那牛仿佛还记得，黄昏底下自己牵绳默默站在水上那个样也隐约记得。

五

有一样花，我至今不晓得叫什么花，我也没有法子形容，但在我的记忆里真是新鲜极了，太好看。我只能说它是深红颜色，花须甚多，蓬起来好像一把伞，柄也很长，也真像一个伞柄，是野花，我记得是我一个人走在坂里，满坂的庄稼，我一个小孩子在当中走，迎面来了一个人，什么人我不记得了，他捏了好几柄这个花，一一给我，我一一接在手上，举起来，又从地中走回，那个欢喜真是利害。后来我常常想到这个欢喜，想到这个花，想回到故乡去一看。有一回回家，忽然问我的妻，"在你们家里那个花叫做什么花呢？"不知不觉的做了一个手势，说不出所以然来，真是窘哩。妻也窘。

六

我最喜欢看棕榈树,爱它那个伞样儿,爱它那个绿。这样的绿色我都喜欢看,好比喜欢看橘树叶子,喜欢看枇杷的叶子。我的外祖母家有一棵橘树,长在颇高的一个台阶之下,结了橘子我们站在阶上伸手攀折得够,但这棵橘树并不爱结橘子,结的橘子也不大,所以我们常常拿了棍子站在树脚下轻轻的打它,口里说着"你结橘子吗?你结橘子吗?"大人告诉我们这样打它它明年就结橘子。这棵橘树二十年来是早没有了,那个我喜欢上上下下的十几步石阶也没有了,房子是完全改变了样子,但原来的那个样儿我新鲜的记得。

七

故乡没有老玉米这个东西,有之也甚小,大家都当它玩意儿,在我那简直是一个宝贝了,一定要把它给我。在外祖母家有时我便得着它,我真爱它,我觉得再没有比它可爱的了。所以我到北京来,看见老玉米,虽然明知道同那就是一个东西,然而我总觉得这那里是我所爱的那个。那简直不能拿别的什么同它比，叫我选择，只好说它是整个的一个生命。儿时的欢喜直是令人想不通。在故乡不叫玉米，叫的那两个字我写不上来。我记得都是紫红色，我总觉得它是一个小宝塔。小米我们也轻易吃不着，记不得有一回在什么地方看见人家吃小米白薯粥，总之是在乡下过路，一个人家门前路过，我真是喜欢得什么似的。我们住在上乡，可以说是山乡，下乡则是水乡，在那里小米却是很普遍的一种杂粮，我们小孩子当然不知道，每年冬天，下乡人有挑了"粟米糖"上县城来卖的，我一看见那个卖糖的坐在城脚下像专门来晒日黄似的坐在那里卖粟米糖，我真觉得日子从今天又过一个新日子了，心想这是从那里来的，喜欢得什么似的。然而我很少吃得这个粟米糖，真是寂寞得很，我也没有同人家讲，我在我自己家里很不被优待，仿佛是多余的一个小孩子似的，因为系一个大家庭，我的祖父在我是一个小孩子时格外的讨厌我，到了我长大了他老人家却是器重我得很。那个卖粟米糖的不知怎的年年总在城门外那块石头上面坐着卖。或者真是因为晒日黄的原故。我看见的时候总在清早，这个城门名叫"小南门"，而是正向东。那时我们就靠着小南门住家。年年是不是就是那一个人来卖,我记得我没有留心,总之我只觉得卖粟米糖的来了,那个粟米糖真是令我喜欢,有时冷冷的对我的母亲说一句,"卖粟米糖的来了。"我的母亲那时在一个大家庭里很是一个不幸的母亲,身体又不好,简直顾不得我们,总是叫我们上外祖母家去。我也吃过粟米糖,记不得是谁买给我的,或者是我自己偷了父亲的钱来买的也未可知。我小时在自己家里大人不给我钱,常是自己偷父亲的钱。我记得大人家的意见似乎是说"芝麻糖"好吃,粟米糖不好吃,我则总是觉得粟米糖好,怀着这个欢喜没有同人说。

斗方夜谭

一

昨天看见鹤西的一篇小文章,大意是说他无意作文罢。他大概也不会有人去请他登台演说,既然这个也"无意",那大概就是沉默。其实我们没有赶上军事训练的人,当然拿不起枪杆,那还是练习捏笔杆为得计,等到自己真有那么的好运气,有一枝五色笔装在怀里,那就有朝一夜给人家要去了,那倒又是一个好运气。然而我真有点"悲哀",已成老翁但未白头耳,实在的以不要我做什么事为了事,静坐当然办不到,我就宁愿昼寝,——可见也并不是怎样懈怠,睡了一天两天之后,甚至于一月半月,忽然又一跃而起,不甘沉默,简直就欲罢不能,这就是说又捏起了笔了也,这大概真正可以算得游戏之作,把这个意思再找一个名词来翻译一下，大概就是所谓"杰作"。然而天下生活之法无论怎样的多，而没有一样是完全由得你的，认清了这个，苦恼或者更少一点，至于"欢喜"是不是因此也减少一点则我尚未曾统计。说了一半天尚没有说到题目，而我的题目到底是什么意思，等待要说明它又仿佛不大明白，我只是打算从即日起赶一点夜工也。这样的工作就替它取一个名字叫做"义务"罢。这两个字我加了一个引号，就是表明"不大明白,有点糊涂"。人生四日八餐何莫而非义务乎？然而口之于味也有同嗜焉，东西要好吃至少算得我们一生的一半的快乐。作斗方夜谭。

二

好久好久以前从荒货摊上买得一部《昌谷集》，有着莫名其妙的注解的。我没有读过书，那是不待说的，拿去问了一位读过书的朋友，他也说这罕见，就算它是海内孤本罢，花一元二买了来。这几个注诗的人（好几个人合注的），我想都不过是斗方名士罢（糟糕，我的"斗方夜谭"这名字取得不小心了，自己挖苦了一下！完全老实的说，我有一个最不好的脾气，最不喜欢人家叫我什么"名士"之类,岂但不喜欢,简直就讨厌之至,大小反正是一样。从我的迂腐的眼光看来,时下所谓"普罗"作家,也都是努力想列于名士之阶级。我的斗方云者,只是说我不喜欢住大房子,精神照顾不了,喜欢住一间小屋子),实在难登大雅之堂,在原诗《感讽》第三首后面引了两句诗,我却以为是佳句,的是可喜,要介绍一下,原诗当然是好,如下:

南山何其悲　鬼雨洒空草
长安夜半秋　风前几人老
低迷黄昏径　袅袅青栎道
月午树无影　一山唯白晓
漆炬迎新人　幽圹萤扰扰

这真算得"鬼诗"。所引的一位姓范的先生的两句为:

雨止修竹间　流萤夜深至

这位范先生自己也以为"语太幽,殆类鬼作"。

三

冬夜，在西城根臭胡同 Y 兄之寓里，几个友人围炉谈闲天，喝清茶，几乎是再也难得的快乐的时光。本来不算少的四五个人到了今年就零落了，各人都去干什么，为什么，走了。聚谈本来要少长咸集才最有意思，若只剩了我们这一两个不大不小的家伙，朝夕见面，真是枯坐得很，谈什么呢？首先就没有那个恋爱的佳话可以插得嘴进去。然而人总是有杀风景的地方，至少我总是觉得我不好，又可气又可笑，但也好玩，反正事过境迁，别人早已忘记了，人都不会记得他所听见的人家讲给他听的道理，只各人自己生活上的"故事"才牢牢的锁住不放。记得有一夜正是故事谈得高兴的时候，我忽而从 Y 的桌上翻开一本《庄子》看，一翻翻到这一节文章，"舜以天下让其友北人无择。北人无择曰，异哉后之为人也，居于畎亩之中而游尧之门，不若是而已，又欲以其辱行漫我，吾羞见之。因自投清冷之渊"。我顿时很喜欢，仿佛是今天才寓目的一本新书似的，觉得这样的人真迂腐得有趣，可以不要天下，而也就因为这一点乱子而"自投清冷之渊"。又翻到这一节,"舜以天下让善卷。善卷曰,余立于宇宙之中,冬日衣皮毛,夏日衣葛絺,春耕种形足以劳动,秋收敛身足以休食,日出而作,日入而息,逍遥于天地之间,而心意自得,吾何以天下为哉?悲夫,子之不知余也。遂不受,于是去而入深山,莫知其处。"我乃更是忍不住,也听不见大家在那里笑闹一些什么,指着要 F 君看,简直是要捏住他的耳朵把他拉拢来的样子,而言曰,"你看,这一节文章,这一个'悲夫',实在不能当作你们平常用的惊叹号随便看去,这两个字,加一个惊叹符号,足足有一千斤!这个人总算是旷达极了,然而不能忘情于人之不相知,'悲夫,子之不知余也。'这真是很有意思的事。"F 君他当然要敷衍我一下,给我逼得无法,只好唯唯说是了,实在他此时心不在焉。一会儿我就很是自窘,茶余酒后讲这一套话干什么呢?于是转过身去故意同 F 君讲别的笑话了。今日之夜,思念朋友,惘然于那个良辰美景,因之还觉得"昨日之我"大可爱。

四

吾友平伯兄与余相识算晚,风流儒雅,海内知名,天下的人物真是"那样的旧而又这样的新"也。与古为徒，大概也算得人生一乐，至少接触时髦是怪容易令人有一个"不好玩"。这些佳趣，我只好同喝茶一样，香在口，无须你喝彩。然而座中平伯无头无尾的说辛稼轩这两句不错："不恨古人吾不见，恨古人不见吾狂耳。"平伯曾指其庭院一棵大树顾我而言曰，"这棵树比这个房子年纪大。"我一看是殷仲文之槐，生意不尽。他不晓得我是真爱看树的。

五

"因材而教"，实在不是一个不费工夫而得到的资格。我们都太爱说话，爱表现自家。孔圣人实在是圣人，我们无论如何只好承认。平伯说的很有趣，子贡问伯夷叔齐何人也，老师只随随便便的答应一句就算了，"古之贤人也"。再问才照答，说了那一句要紧的话。我们终日饶舌，果有所知乎哉？有所知亦迫不及待，生怕人家说我不懂，其实所表现的恐怕都是你自己也。虽然，"赐也徒能辩，乃不见吾心"，亦云悲矣。百世以下，殊堪嘉奖。

我们都喜欢做诸葛亮陶潜合论，论旨大概也差不多，中国的圣人之徒车载斗量，真是"汗牛之充栋"焉，这两位倒不见得言必道孔孟，倒羽扇纶巾好一个"儒者气象"！平伯又说得有趣，诸葛先生，不出来大概就不出来罢，一出来就真个鞠躬尽瘁。我看这位山人殊精明得可以，别的且不谈，你看他那《出师表》，说来说去可不都是一个意思，知道孺子之不可教吗？早就担心那个"宫中府中"的把戏。这真是一篇不是文章的文章，气象万千，令人可爱。糟糕，我这大有《古文观止》的模样。

六

很早的时候平伯看了我的《桥》，曾对我说过，"看你书中的主人公，大有不食人间烟火之感。"当下我很吃一惊，因为完全出乎我的意外，自己当然总是给自己蒙住了，我万万想不到我这个"恶劣"家伙的出产原来可以得到那一个当头棒，后来我仔细一想，平伯的话是对的，或者旁观者清亦未可知，因之我写给平伯的信有云："我是一个站在前门大街灰尘当中的人，然而我的写生是愁眉敛翠春烟薄。"

七

在开章第二回就说了我不喜欢住大房子，那是的确的，——我几时撒过谎？然而有一回同"吾家"君培①在午门外走路，我忽而得意极了，赶紧掉身向他道："别的事情我真不想做，到了今日之我，如果罚我做皇帝，把我一个人关在这个城墙里头，我真有点喜欢。"把他那一个笑罗汉说得个嘻哈笑，我则立地已经返老还童，简直的是安徒生手下的孩子，"你不要打我！"他拍我一肩也。当下我觉得我丰富得很，在天下没有皇帝之日，且将团扇共徘徊，我真什么也不要了。从前我还想遇见狐仙，现在这个也不想。然而暗暗的又好像在那里爱玩两件东西，大概又想——"偷！"（齐天大圣到此一游，法官注意！）从前逛历史博物馆，看见有宝剑一口，逛故宫东路看见骰子一副，那真是古而不老之物，小子不禁如临深渊焉。到今年，这两个地方先后我又各去了一趟，行到水穷处，坐看云起时，然而看来

---

① 君培即冯至。"吾家"者，以其同姓冯，典出章士钊曾称章炳麟为"吾家太炎"，见1914年5月10日《甲寅杂志》第1卷第1号秋桐《政本》。

看去,"我的东西"好像真个没有了,这倒"奇矣!"因此街谈巷议关于"古物"的消息,我也落了耳朵听,看是不是真有什么丢了,那我也可以有诗为证也。

八

昔者朱彝尊不能不填几首词儿,而曰,"我不想吃圣庙的那一块冷猪肉。"当初我以为不过是文人的聪明话,自然也有他的风趣,慨自取消布尔的个人主义之空气大浓以后,我乃对于前朝这一位词人的话,颇有所得。

九

在北京住了几年,常觉得看不见江南的云,于是我就怅望于那一位盲诗人[①]的《桃色的云》。去年夏天住在西山,上到山上一个亭子坐着玩,细看壁上十方游客各人留下各人的名字,

---

① "盲诗人"即爱罗先珂。

某年某月某日游此，有的大概是受了钱玄同先生的影响，某年是一千九百几十几，有的则是干支，省事的则权用了亚拉伯号码，新式标点，有的是芳名，有的则就是丘八焉，因为下注有某团某营，于是我才悟到中国是一个"不朽"之国，朝野上下，此心同，此理同，同时又联想到的是咱们大学堂的那个臭茅厕，——我很奇怪，身上居然都顺便带了那一枝笔？于是我乃下了一个奋勉之心以后无论如何不要偷懒要写日记——然而，言归正传，我是要说天上飞的那一朵白云也，我坐在那个亭子上看见有一位"他或她"题了一副对子，下联早不记得，上联便是陶渊明先生的"云无心以出岫"。

以上算是一个楔子。

"云无心以出岫，鸟倦飞而知还"，自从上了一趟山以后，我才羡慕这个境界好，是亦古人之糟魄已夫！见卵而求时夜，汝亦大早计矣！然而再要老老实实的说正经话，否则就要不得了。那个境界，不但我，可望而不可即，陶先生他也再三的经了一番苦纠缠，或者始终是一个梦之境也未可知。他是中国历史上最认真生活的一个人。常言道，"神仙都是凡人做"，而世间有的只是求仙的术士耳。《拟古》之六云：

> 苍苍谷中树，冬夏常如兹，
> 年年见霜雪，谁谓不知时？
> 厌闻世上语，结友到临淄，
> 稷下多谈士，指彼决吾疑。
> 装束既有日，已与家人辞，
> 行行停出门，还坐更自思，
> 不怨道里长，但畏人我欺，
> 万一不合意，永为世笑之。
> 伊怀难具道，为君作此诗。

对于一个门槛那样的一脚跨不出来。在一部陶集里，材料无不取之于生活，试问有第二个人相同没有？就截至今日这个文明世界，也很少有这么一个老实而大雅的"爸爸"，"厉夜生子，遽而求火，凡百有心，奚特于我，既见其生，实欲其可，人亦有言，斯情无假。日居月诸，渐免于孩，福不虚至，祸亦易来，夙兴夜寐，愿尔斯才；尔之不才，亦已焉哉"。这实在比胡适之先生的白话诗还应该模仿。世间上的事难在这个"未能免俗"耳。

十

我有两位相好，均是六年之同窗，大概谁都可以唱它一出独脚戏，谁也不光顾谁，好比我同他们的一位写好契约借一笔款竟料到居然是大碰一个钉子，其人现在海上，好像是姓沈名海[①]，说起来真是怪相思的，两个黄蝴蝶，双双飞上天，三千弟子谁个不知，谁个不晓，如今是这一个冰天雪地孤孤单单的刚刚游了一趟北海回来。还有一位，若问他的名姓，是一个愁字了得[②]。话说这一字君，很受了我的奚落，就因为这一个字，但目下已经是四海名扬，大有改不过来之势了。天下事每每悲哀得很，我与一字君几几乎一失千古，当年一年三百六十日，一日六小时，我缺课他迟到不算，然而咱们俩彼此都不道名问姓，简直就没有交一句言，而他最是爱说话的，就在马神庙街上夹

[①] 沈海应就是石民，1928年于北京大学毕业后到上海北新书局工作，本年及次年该书店出版之《北新》"补白"栏下有署名"沈海"的作品，当取义于"石沉（沈）大海"，以石姓而居于海上也。

[②] "愁字了得"应就是秋心（梁遇春）。

一本书也总是咭咭咭咭，只不同我同沈海，我时常嘱耳而语沈海曰："这个小孩太闹！"而在最近三日我同一字君打了两夜牌，沈海君远不与焉。沈海君最近丢了诗人不做要"努力做一个庸人"（来信照录），这才引动了今夜我谭话的雅兴。我同一字君捧了他的来信读，我实在忍不住要赞美这一篇庸人论实在是高人的题目，而且有点不敢相信沈海，因为他到底是诗人出身，于是我端端正正的把一字君相了一相，觉得我要佩服他，他的"庸人"大致可以做到一个英雄的境界，多福多寿且莫多男子焉。他已经是一位年青的爸爸。沈海君最近才请了医生检察身体，明春再出请帖行结婚礼。说来说去原来言下都是对我下一个针锋，说我则不是一个庸人。于是我们三个中间发生庸人与不庸人难易论战。结果都仿佛有点说我难，虽然都有点不甘俯首。我实在不能不平心静气的说一句，我很有点私自惭愧，我还是赞美你们，庸人不易做，不知怎的我真个仿佛有点做不上，我还不知道我怎么好。从前有人说夷齐不食周粟，未必不是没有得吃的，乐得做一件大事，也许多少是甘苦之言也。言有尽而意无穷，再谭。

十一

发大愿我也颇有志,但早已过了孩子之年(但据说我佛如来本是一个童子),总怕螳臂当车,就算别人佩服你是一条英雄而自己总知道自己是一个凡夫,做事何必自己取笑?所以大事我总是自己小心,不敢求一时之快意,倘若人生并不长,蜉蝣即夕而死,那倒何妨试验一下,跑到苦行林中,菩提树下,一麻一米,好一个光明相。真是不胜神往之至,反正一日的光阴一首诗便已成功。我不想求上帝保佑我,我总怕孙悟空一棒打下来把个什么怪的原形相摆出来了。中国的圣人说食色性也,我现在所想反叛的只在这一下,原因大概也很简单,大碗吃肉,一股热气腾腾,果真没有第二个简单的办法乎,这个我也知道我要预备一个很大的势力,人一落到静坐而在那里"馋",我以为是最不大雅的事。至于我到底要坐在什么地方,便是目下最大的一个跨踏。

十二

我总觉得我不好,简直没有法子,关乎人的脾气,我们入世为什么不能同看书一样什么书都可以一看呢,而且道听途说德之弃也,自己也能懂得这个道理。实在是修养不到,未能免俗,亦只有听之而已。从前有一个人走路,在路上给贼人打了一顿,回去哑口无言,人家问你给人家打了怎么说也不说呢?他说一说便俗了,这个神气我虽不怎样的佩服,但觉得很有意思。

《周作人散文钞》序

开明书店将出版一册《周作人散文钞》，从最初的《自己的园地》到最近的《看云集》七个散文集里面选出三十篇文章，我乐于来写一篇序，是想借这个机会以一个读者的资格说一说一向读了岂明先生的文章所怀的一点意见与感想。

大家知道中国有一个《新青年》时期，即所谓新文化运动，其实就是新文学运动，而这个新文学运动又即是白话文学运动，因为其主要的目的是以白话打倒文言，胡适之先生是揭竿而起的第一功臣，于是有一些人响应，岂明先生是其一，而对于新文学内容上岂明先生却又多有所填实，这是当然的，因为岂明先生于一九〇九年已在日本刊行《域外小说集》，与近代的欧洲文学已有所接触，一到中国的新文学成了运动，这一个潜伏着的力量自然有了效用，因此我尝想，《域外小说集》是一部很有历史价值的书。

在《雨天的书·自序二》里面，岂明先生说他编校这本小书毕，仔细思量一回，不禁有点惊诧，"我原来乃是道德家，……我平素最讨厌的是道学家（或照新式称为法利赛人），岂知这正因为自己是一个道德家的缘故；我想破坏他们的伪道德不道德的道德，其实同时非意识的想建设起自己所信的新的道德来。"这是实在的，而且也是当然的，既然有了新文化运动，就必然对于礼教兴起攻击之师，这就好比一个冒险的快乐，因为礼教正是艺术与科学所不相容的东西，而它又正是旧社会的全体，攻击者什么也无所有，而在这个无所有之中却正是浴着科学之光，呼吸艺术的空气，同时也就成为名教的罪人，是整个社会之敌。意大利文艺复兴时代的波加屈，法兰西的拉勃来，便是这一派的大师。在中国，礼教的历史最久，反抗礼教的人却最少，当时除岂明先生而外，只有鲁迅先生也常常表示他的一种反抗的呼声。岂明先生在《抱犊谷通信》一文里最见他的特色，于明澈的思想之中流通着一个慈祥的空气。

岂明先生一向对于历史的态度，我在最近的三数年来每一想起不觉恻然有动乎中。他曾经有过这样的话，"昔巴枯宁有言，

'历史唯一的用处是警戒人不要再那么样。'我则反其言曰,'历史的唯一的用处是告诉人又要这么样了!'"他仿佛总是就过去的情形推测将来的趋向,历史上有过的事情将来也还会有,人的老脾气总是没有法子改过来。这个对于中国的年青人好像是一个打击。在"五四"以后中国的社会运动发轫的时候,我正是一个青年,时常有许多近乎激烈的思想,仿佛新时代就在我们的眼前,那时同岂明先生见面谈话的材料差不多总是关乎实际问题的居多,我的有些意见他是赞同的,有些意见他则每每唯唯,似乎他不能与我同意,但也不打破我的理想。事实终于是事实,我随着中国的革命而长了若干年岁,这里头给了我不少的观察与参照,有一天我忽然省悟岂明先生信任历史的态度,从此我自己关乎中国的事情好像能够有所知道。有人或者要问,"那么你们岂不抱的是个悲观态度?"这句话却不是这么说。这个态度或者也就是中国圣人所谓"知命"罢,不能说悲观,亦不能说乐观。然而我个人不想在这里发表意见,我只是想指出岂明先生一向所取的一个历史态度是科学态度,一切都是事实。

我回到"新文化"这三个字来说。说实话,我总觉得新文化在中国未曾成立过。新文化应该是什么?我想那应该就是一个科学态度，也就是一个反八股态度。统观中国，无论那一家派，骨子里头还正是一套八股。当初大家做新诗，原是要打倒旧诗的束缚，而现在却投到西洋的束缚里去，美其名曰新诗的规律。张竞生提倡爱情定则，而不久张竞生乃是道学家的变本加厉。我不以为他昨是而今非，昨日也未必是，今日也未必非，本来只是一副八股的精神，所以经不住事实的试验，终于要现出原形相。不说别的，至今中国何曾有一个研究学问的空气？仍然脱不了一个"士"的传统，"学优"就"则仕"了，至少是要谈政治。整理国故算是一个可以夸口的成绩了，然而在我看依然同昔日书院门生是一鼻孔出气，所以他们可以不攻外国文，可以不同异方的材料比较，其成绩之佳者只不过为清代学者做尾声而已。我们何曾有新的历史学问？我们的文字学何曾能够解决汉文的一个最重要的问题？我尝想，汉字既然有它的历史，它形成中国几千年的文学，（尤其是诗的文学。）能够没有一个必然性在这里头？它的独特的性质到底在那里？如果有人从文字音韵上给我们归纳出一个定则来，则至少可以解决今日的新诗的问题。然而中国研究文字学的人，不去认过去的事实，却远远的望到将来去，把气力用于一个汉字拼音问题，我恐怕这也免不掉瞎子挂遍之讥，不能不说也是一种八股，因为它也是一种"主义"，八股便是主义的行家。所以我以为无论从那一方面讲，新文化在中国未曾成立。岂明先生我想他是深有感于此，他再三说"我不是学者"，他说他是"打杂"，在这里便令我佩服他的"知"的态度，也就是科学态度；我又不禁想起达巷党人批评孔丘的话来，"博学而无所成名。"我觉得这句话很有意义。岂明先生是新文学运动者之一，但那时的新文学运动是一个浪漫的运动，这是当然的，大凡一个运动的开始恐怕都逃不了一个浪漫性，我们不可抹杀首倡者的功劳，然而运动开始以后，就得有人渐渐的认识事实，那这个运动才可以真正的得到一个"意识"，从而奠定它的基础，不致无源之水其竭可待，岂明先生到了今日认定民国的文学革命是一个文艺复兴，即是四百年前公安派新文学运动的复兴，我以为这是事实，本来在文学发达的途程上复兴就是一种革命。有人或者要问，新文学运动明明是受了欧洲文学的鼓动，何以说是明朝新文学运动的复兴呢？我可以拿一个比喻来回答，在某一地势之下才有某一条河流，而这河流可以在某种障碍之下成为伏流，而又可以因开浚而兴再流之势，中国文学发达的历史好比一条河，它必然的随时流成一种样子，随时可以受到障碍，八股算得它的障碍，虽然这个障碍也正与汉文有其因果，西方思想给了我们拨去障碍之功，我们只受了他的一个"烟士披里纯"，若我们要找来源还得从这一条河流本身上去找，我们的新文学运动正好上承公安派的新文学运动，由他们的文体再一变化自然的要走到我们今日的"国语的文学"，这是一个必然的趋势，我们自己就不意识着，它也必然的渐渐在那里形成，至于公安派人物当时鼓吹文学运动的思想与言论是怎样的与我们今日的新文学运动者完全一致，在这里我还可以不提，我只是就文学变化上一个必然性来说。我还补说一句，中国的近代文学必然的是在散文方面发达，诗则因发达之极致而走入穷途，因了散文的发达，必然的扩充到口语。胡适之先生也曾说中国文学史上一个时代有一个时代的文学，但适之先生的含义与我们今日所说的不同，适之先生似乎是把一个一个的时代截断了看，我们则认为是一整个的发达路程，各时代文学的不同有一个必然的变化在里头，古与今相生长而不相及，所以适之先生说文言文学是死文学，白话文学是活文学，而我们以为如是死文学则当生之日它已经是死的，白话文学只是文言文学的一个"穷则变"，而它自然的要与文言文学相承。有了这一个认识，我们今日的新文学运动才得了客观的意义，而它也自然的是"有诗为证"，从而承上启下，成为我们这一个时代的文学了。我再就新诗来说，岂明先生当初是做过新诗的，后来他乃说"诗的事情我不知道"，这个不知道正是他知道，他知道原来的新诗运动的意义之不合事实。胡适之先生最初白话诗的提倡，实在是一个白话的提倡，与"诗"之一字可以说无关，所以适之先生白话诗的尝试做了他的白话文学运动的先声。适之先生说中国的诗向来就是朝着白话方面走的，仿佛今日的这个白话诗是中国的诗的文学一个理想的标准。直到现在，一般做新诗的人都还是陷于一个混乱的意识之中，以为一定要做新诗，而新诗到底不知道应该是一个什么样子，大家纳闷而已。我个人承认中国的诗的文学（除了新诗）是中国文学发达上一个最光明的产物，充分的发展了中国文字之长，各时代各有其特色，我们今日的新诗如果可以成立，它也只是中国诗的一种，是一种体裁，而我们做新诗的人最好是能够懂得旧诗的变迁，以及汉字对于中国诗的一个必然性，庶几我们也可有我们的成就，不至于牛头不对马嘴。此话说来不简单，今日我只是想指出我们对于新文学运动应该到了一个客观的认识时期而已。再想就二三年来所谓普罗文学运动说几句，不过这当然不能与以前的新文学运动并在一条线上去理会，我只是顺便提起罢了。这与文体问题毫未发生关系。方中国的普罗文学运动闹得像煞有介事的时候，一般人都仿佛一个新的东西来了，仓皇失措，岂明先生却承认它是载道派，中国的载道派却向来是表现着十足的八股精神。说到这里我不禁想起鲁迅先生，鲁迅先生与岂明先生重要的不同之点，我以为也正就在一个历史的态度。鲁迅先生有他的明智，但还是感情的成分多，有时还流于意气，好比他曾极端的痛恨"东方文明"，甚至于叫人不要读中国书，即此一点已不免是中国人的脾气，他未曾整个的去观察文明，他对于西方的希腊似鲜有所得，同时对于中国古代思想家也缺少理解，其与提倡东方文化者固同为理想派。岂明先生讲欧洲文明必溯到希腊去，对于希伯来，日本，印度，中国的儒家与老庄，都能以艺术的态度去理解它，其融汇贯通之处见于文章，明智的读者谅必多所会心。鲁迅先生因为感情的成分多，所以在攻击礼教方面写了《狂人日记》，近于诗人的抒情；岂明先生的提倡净观，结果自然的归入于社会人类学的探讨而沉默。鲁迅先生的小说差不多都是目及辛亥革命因而对于民族深有所感，干脆的说他是不相信群众的，结果却好像与群众为一伙，我有一位朋友曾经说道，"鲁迅他本来是一个cynic，结果何以归入多数党呢？"这句戏言，却很耐人寻思。这个原因我以为就是感情最能障蔽真理。而诚实又唯有知识。

我想我上面的话说得很是平常，倒是一向所想说的几句平常话，尚希岂明先生同大家的指教。

一九三二年四月六日，废名。

悼秋心（梁遇春君）[1]

秋心君于六月二十五日以猩红热病故，在我真是感到一个损失。我们只好想到大块的寂寞与豪奢。大约两月前，秋心往清华园访叶公超先生，回来他向我说，途中在一条小巷子里看见一副对子，下联为"孤坟多是少年人"，于是就鼓其如莲之舌，说得天花乱坠，在这一点秋心君是一位少年诗人。他常是这样的，于普通文句之中，逗起他自己的神奇的思想，就总是向我谈，滔滔不绝，我一面佩服他，一面又常有叹息之情，仿佛觉得他太是生气蓬勃。日前我上清华园访公超先生，出西直门转进一

---

[1] 本篇在《大公报·文学副刊》发表时，文前有该刊附言：
按梁遇春君（笔名秋心）在北平逝世消息及追悼会预志，已见七月七日本报第五版新闻。梁君生平事迹及著作，亦已于该篇约略评述。兹特约梁君之知友废名（冯文炳）君撰文一篇，以志哀悼。

条小巷，果然瞥见那副对子，想不到这就成了此君的谶语了。

我说秋心君是诗人，然而他又实在是写散文的，在最近两三年来，他的思想的进展，每每令我惊异，我觉得在我辈年纪不甚大的人当中，实在难得这样一个明白人，他对于东方西方一班哲人的言论与生活，都有他的亲切的了解。他自己的短短的人间世，也就做了一个五伦的豪杰，儿女英雄了。他的师友们都留了他的一个温良的印象，同时又是翩翩王孙。我同公超先生说起"五伦豪杰"四字，公超先生也为之点头。这四个字是很不容易的，现代人做不上，古代人做来又不稀奇，而且也自然的做得不好。

秋心君今年才二十七岁。以前他虽有《春醪集》行世，那不过是他学生时期的一种试作。前年我们刊行《骆驼草》，他是撰稿者之一，读他的文章的人，都感到他的进步。最近有两篇散文，一为《又是一年芳草绿》，一为《春雨》，将在《新月》月刊披露。关于这一方面，我很想说话。我常想，中国的新文学，奇怪得很，很少见外来的影响，同时也不见中国固有的文化在那里起什么作用。秋心君却是两面都看得出。我手下存着他去年写给我的一封信，里面有这一段话：

> 安诺德批评英国浪漫派诗人,以为对于人生缺乏明澈的体验,不像歌德那样抓到整个人生。这话虽然说得学究,也不无是处。所以太迷醉于人生里面的人们看不清自然,因此也不懂得人生了。自然好比是人生的镜,中国诗人常把人生的意思寄之于风景,随便看过去好像无非几句恬适的描写,其实包括了半生的领悟。不过像宋朝理学家那样以诗说道,倒走入魔了。中国画家仿佛重山水,不像欧洲人那样注意画像,这点大概也可以点出中国人是间接的。可是更不隔膜的,去了解人生。外国人天天谈人生,却常讲到题外了。

我觉得这话说得很好,正因为秋心君是从西方文学的出发点来说这话。至于中国诗人与画家是不是都能如秋心君所说,那是另外一回事。即此数十言语,已可看出秋心君的心得。再从我们新文学的文体上讲,秋心君之短命,更令人不能不感到一个损失。我常想,中国的白话文学,应该备过去文学的一切之长,在这里头徐志摩与秋心两位恰好见白话文学的骈体文的好处，不过徐君善于运用方言，国语的欧化，秋心君则似乎可以说是古典的白话文学之六朝文了。此二君今年相继而死，真是令人可惜的事。秋心君的才华正是雨后春笋，加之他为人平凡与切实的美德，而我又相知最深，哀矣吾友。

最后我引一段我们之间的事情。今年他做了一篇短文，所以悼徐志摩先生者，后来在《大公报·文学副刊》（第二百二十三期）发表[①]，当他把这短短的文章写起时，给我看，喜形于色，"你看怎么样？"我说"Perfect！ Perfect！"他又哈哈大笑，"没有毛病罢？我费了五个钟头写这么一点文章。以后我晓得要字斟句酌。"因为我平常总是说他太不在字句上用工夫。他前两年真是一个酒徒，每每是喝了酒午夜文思如涌。因了这篇短文章他要我送点礼物作纪念，我乃以一枚稿笔送他，上面刻了两行字，"从此灯前有得失，不比酒后是文章"，他接着很喜欢，并且笑道，"这两句话的意思很好，因为这个今是昨非很难说了。"

（二十一年七月五日）

---

① 此文题"吻火（Kissing the Fire）"，载 1932 年 4 月 11 日《大公报》。

雅读

"古槐梦遇"小引

我曾有赠师兄一联,其文曰,"可爱春在一古树,相喜年来寸心知",此一棵树,便是古槐梦遇之古槐也。记不清在那一年,但一定是我第一次往平伯家里访平伯,别的什么也都不记得,只是平伯送我出大门的时候,指了一棵槐树我看,并说此树比此屋还老,这个情景我总是记得,而且常常对这棵树起一种憧憬。等待要我把这憧憬写给你们看时,则我就觉得我的那对子上句做得很好。这是以前的话,如今却有点不同,提起来我还是对那棵树起一种憧憬,等待要我把这憧憬写给你们看时,则我就觉得平伯的"古槐梦遇"这四个字很好,平伯他未必知道他的记梦的题目,我却暗喜说得我的梦境也。"老年花似雾中看",大概也很是一个看法,从前我住在西山,很喜欢看见路上一棵古松牵着似红似黄的许多藤花,有一天一个乡下人告诉

244

我说这叫做凌霄花，我真是对于这位乡人怀着一种感谢，今日则一棵树的阴凉儿便觉得很是神秘，神秘者，朦胧之谓也。我从我所说的这糊涂话再来一思，是的，其间不无道理，年青的时候有大欢喜，逞异想，及其年事稍长，目力固然不大靠得住，却又失却梦的世界，凡事都在白日之中，这证之以孔圣人的"吾不复梦见"，可见是证据确凿的。那么古槐书屋的一棵树今日尚足以牵引我的梦境，吾其博得"吾家"冯妇之一点同情乎？其为乐也，亦非年青时所可得而冒牌者也。

我同平伯大约都是痴人，——我又自己知道是一个亡命的汉子，从上面的话便可以看得出一点，天下未必有那样有情的一棵树，其缘分总在这两个人。说起来生怕人家见笑似的，说我们有头巾气，自从同平伯认识以来，对于他我简直还有一个兄弟的情怀。且夫逃墨不必归于杨，逃杨亦未必就归于儒，吾辈似乎未曾立志去求归宿，然而正惟吾辈则有归宿亦未可知也。我常心里有点惊异的，平伯总应该说是"深闺梦里人"。但他实在写实得很，由写实而自然渐进于闻道，我想解释这个疑团，只好学时行的话说这是一种时代的精神。我这话好像也并不是没有根据，只看中国历史上的文坛人物都难逃出文人的范围（现在的文人自然也并不见得少),惟乱世则有一二诗人的确是圣人之徒,其中消息不可得而思之欤?

然而平伯命我为他的《古槐梦遇》写一点开场白,我不要拿这些白日的话来杀风景才好。于是我就告诉你们曰,作者实是把他的枕边之物移在纸上,此话起初连我也不相信,因为我的文章都是睁开眼睛做的,有一天我看见他黎明即起,坐在位上,拿了一枝笔,闪一般的闪,一会儿就给一个梦我看了,从此我才相信他的实话。于是我就赞叹一番曰,吾不敢说梦话,拿什么"谪仙","梦笔"送花红,若君者其所谓不失其赤子之心者乎?愿你多福。废名和南。民国二十二年五月六日。

知堂先生

林语堂先生来信问我可否写一篇《知堂先生》刊在"今人志",我是一则以喜,一则以惧。喜者这个题目于我是亲切的,惧则正是陶渊明所云"惧或乖谬,有亏大雅君子之德,所以战战兢兢若履深薄云尔"。我想我写了可以当面向知堂先生请教,斯又一乐也。这是数日以前的事,一直未能下笔。前天往古槐书屋看平伯,我们谈了好些话,所谈差不多都是对于知堂先生的向往,事后我一想,油然一喜,我同平伯的意见完全是一致的,话似乎都说得有意思,我很可惜回来没有把那些谈话都记录下来,那或者比着意写一篇文章要来得中意一点也未可知。我们的归结是这么的一句,知堂先生是一个唯物论者,知堂先生是一个躬行君子。我们从知堂先生可以学得一些道理,日常生活之间我们却学不到他的那个艺术的态度。平伯以一个思索的神气说道,"中国历史上曾有像他这样气分的人没有?"我们两人都回答不了。"渐近自然"四个字大约能以形容知堂先生,然而这里一点神秘没有,他好像拿了一本自然教科书做参考。中国的圣经贤传,自古以及如今,都是以治国平天下为己任的,这以外大约没有别的事情可做,唯女子与小孩的问题,又烦恼了不少的风雅之士,我常常从知堂先生的一声不响之中,不知不觉的想起了这许多事,简直有点惶恐,我们很容易陷入流俗而不自知,我们与野蛮的距离有时很难说,而知堂先生之修身齐家,直是以自然为怀,虽欲赞叹之而不可得也。偶然读到《人间世》所载苦茶庵小文《题魏慰农先生家书后》有云,"为父或祖者尽瘁以教养子孙而不责其返报,但冀其历代益以聪强耳,此自然之道,亦人道之至也。"在这个祖宗罪业深重的国家,此知者之言,亦仁者之言也。

我们常不免是抒情的,知堂先生总是合礼,这个态度在以前我尚不懂得。十年以来,他写给我辈的信札,从未有一句教训的调子,未有一句情热的话,后来将今日偶然所保存者再拿起来一看,字里行间,温良恭俭,我是一旦豁然贯通之,其乐等于所学也。在事过情迁之后,私人信札有如此耐观者,此非先生之大德乎。我常记得当初在《新月》杂志读了他的《志摩纪念》一文，欢喜慨叹，此文篇末有云，"我只能写可有可无的文章，而纪念亡友又不是可以用这种文章来敷衍的，而纪念刊的收稿期又迫切了，不得已还只得写，结果还只能写出一篇可有可无的文章，这使我不得不重又叹息。"无意间流露出来的这一句叹息之声，其所表现的人生之情与礼，在我直是读了一篇寿世的文章。他同死者生平的交谊不是抒情的，而生死之前，至情乃为尽礼。知堂先生待人接物，同他平常作文的习惯，一样的令我感兴趣，他作文向来不打稿子，一遍写起来了，看一看有错字没有，便不再看，算是完卷，因为据他说起稿便不免于重抄，重抄便觉得多无是处，想修改也修改不好，不如一遍写起倒也算了。他对于自己是这样的宽容，对于自己外的一切都是这样的宽容，但这其间的威仪呢，恐怕一点也叫人感觉不到，反而感觉到他的谦虚。然而文章毕竟是天下之事，中国现代的散文，从开始以迄现在，据好些人的闲谈，知堂先生是最能耐读的了。

那天平伯曾说到"感觉"二字，大约如"冷暖自知"之感觉，因为知堂先生的心情与行事都有一个中庸之妙，这到底从那里来的呢？平伯乃踌躇着说道，"他大约是感觉？"我想这个意思是的，知堂先生的德行，与其说是伦理的，不如说是生物的，有如鸟类之羽毛，鹄不日浴而白，乌不日黔而黑，黑也白也，都是美的，都是卫生的。然而自然无知，人类则自作聪明，人生之健全而同乎自然，非善知识者而能之欤。平伯的话令我记起两件事来，第一我记起七八年前在《语丝》上读到知堂先生的《两个鬼》这一篇文章，当时我尚不甚了然，稍后乃领会其意义，他在这篇文章的开头说：

> 在我们的心头住着 Du Daimone，可以说是两个——鬼。我踌躇着说鬼，因为他们并不是人死所化的鬼，也不是宗教上的魔，善神与恶神，善天使与恶天使。他们或者应该说是一种神，但这似乎太尊严一点了，所以还是委屈他们一点称之曰鬼。
>
> 这两个是什么呢？其一是绅士鬼，其二是流氓鬼。据王学的朋友们说人是有什么良知的，教士说有灵魂，维持公理的学者也说凭着良心，但我觉得似乎都没有这些，有的只是那两个鬼，在那里指挥我的一切的言行。这是一种

双头政治，而两个执政还是意见不甚协和的，我却像一个钟摆在这中间摇着。有时候流氓占了优势，我便跟了他去彷徨，什么大街小巷的一切隐密无不知悉，酗酒，斗殴，辱骂，都不是做不来的，我简直可以成为一个精神上的"破脚骨"。但是在我将真正撒野，如流氓之"开天堂"等的时候，绅士大抵就出来高叫"带住，着即带住！"说也奇怪，流氓平时不怕绅士，到得他将要撒野，一听绅士的吆喝，不知怎的立刻一溜烟地走了。可是他并不走远，只在巷头巷尾探望，他看绅士领了我走，学习对淑女们的谈吐与仪容，渐渐地由说漂亮话而进于摆臭架子，于是他又赶出来大骂云云……

这样的说法，比起古今的道德观念来，实在是一点规矩也没有，却也未必不最近乎事理，是平伯所说的感觉，亦是时人所病的"趣味"二字也。

再记起去年我偶尔在一个电影场上看电影，系中国影片，名叫《城市之夜》，一个码头工人的女儿为得要孝顺父亲而去做舞女，我坐在电影场上，看来看去，悟到古今一切的艺术，无论高能的低能的,总而言之都是道德的,因此也就是宣传的,由中国旧戏的脸谱以至于欧洲近代所谓不道德的诗文,人生舞台上原来都是负担着道德之意识。当下我很有点闷窒,大有呼吸新鲜空气之必要。这个新鲜空气,大约就是科学的。于是我想来想去,仿佛自己回答自己,这样的艺术,一直未存在。佛家经典所提出的"业",很可以做我的理想的艺术的对象,然而他们的说法仍是诗而不是小说,是宣传的而不是记载的,所以是道德的而不是科学的。我原是自己一时糊涂的思想,后来同知堂先生闲谈,他不知道我先有一个成见,听了我的话,他不完全的说道:"科学其实也很道德。"我听了这句话,自己的心事都丢开了,仿佛这一句平易的话说得知堂先生的道境,他说话的神气真是一点也不费力,令人可亲了。

二十三年七月

北平通信

亢德先生：

《宇宙风》要在六月里出一个北平专号，我觉得这很有意义，我们住在北平爱北平的人还不藉这机会好好的来鼓吹北平的空气么？可惜我自己是有心而无力，关于北平实在想多写点文章，没有办法只好向海上的朋友作北平通信了。我并不能说我知道北平知道怎么多，连北平话都不会说，怎么能说知道北平呢？我大约是一个北平的情人，这情人却是不结婚的，因此对于北平可说一点也不知道，也因此知道北平的可爱，北平人自己反不知。这样说来，我同北平始终还是隔膜的。就我说，我是长江边生长大的，因此我爱北方，因此我爱江南。北平之于北方，大约如美人之有眸子，没有她，我们大家都招集不过来了。我们在北平总看不见湿意的云，"朝为行云暮为行雨"此地人读之恐无动于中,《高唐》一赋是白赋的了,此刻暮春已过初夏来了,这里还是刮冬天的风,我从前住在北平西郊的时候,有时要进城,本地人总是很关心的向我说,"今天不去,明天怕刮风",我听了犹如不听,若东风吹马耳,到了第二天真个的每每就刮起风来了,于是我进城的兴会扫尽了,我才受了"今天不去明天怕刮风"这句话的打击,想到南边出门怕下雨。现在我倒觉得出门不怕下雨,而且有点喜欢,行云行雨大有行其所无事之意,这正是在这里终年不见湿云之故,夏天北平的大雨对于我也没有过坏的记忆,雨中郊外走路真个别有风趣,一下就下得那么大,城里马路岸上倒成了"河",雨过天青小孩们都在那里"蹚河",也有虾蟆来叫一声两声了,——这样的偶叫几声,论情理应该使路旁我们江南之子起点寂寞,事实上却不然,不但虾蟆我们觉得它实在是喜欢,小孩们实在是喜欢,我也实在是喜欢了,记得小时我在家里每每喜欢偷偷的把和尚或道士法坛上的锣或鼓轻轻的敲打一下,声音一发作,我自己不亦乐乎又偷偷的跑了,和尚或道士,他们正在休息,似乎也乐得这个淘气的空气,并不以为怎么"犯法",这个淘气的空气很有点像我在北平看小孩们蹚河,听蛙鼓一声两声。我想这未必关于个人的性情，倒很可以表现北平的空气。北平在无论什么场合，总不见得怎样伤人的心。我只记得在东城隆福寺或西城护国寺白塔寺庙会里看见两样人物有点难为情，其一是耍叉的，一位老汉，冬天里光着脊棱，一个人在高台上自己的买卖范围里大显其武艺，抛叉入云，却不能招拢一个顾客来，我很替他寂寞，但他也实在只引起幽默的空气，没有江湖气，不知何故。再有一男子一女子仿佛是两口子伸着脖子清唱的，男的每唱旦，女的每唱生，两人都不大有气力，男的瘦长，面色苍白，唱完之后每每骂人没有良心，说"我这也不容易嘞！"因为听唱的人走了不给钱。这两人留给我的印象算是最凄凉的，但我也实在没有理由去批评他们，虽然我心里有点责备而且同情于那位男子。总之北平总是近乎素朴这一方面。我还是来说我对于雨的空想。我如果不来北平住下十几年，一定不是现在这个雨之赞美者，自己也觉得很可笑。宋人词有句曰，"隔江人在雨声中"。这个诗境我很喜欢，但七个字要割去上面的两个字，"江"于我是没有一点感情的。"黄鹤楼上看翻船"，虽然在那里住了六七个年头，扬子江我也不觉得它陈旧，也不觉得它新鲜，不能想到它。上面我说我是长江边生长大的，其实真是我的家乡仿佛与长江了无关系,十五岁从家里出来同长江初见面尚在江西省九江县,距家九十里,更小的时候除了小学地理课程外不知有大江东去也。我说"隔江人在雨声中"七个字我只取其五个,那两个字大概是以一把伞代替之,至于这个雨天在什么地方,大约就在北平西直门外三贝子花园随便一个桥上都可以罢。从前做诗的时候,曾有意捏造了一首诗,是从古人的心事里脱胎出来的,诗题曰"画",其词如左:①

> 嫦娥说,
> 我未带粉黛上天,
> 我不能看见虹,
> 下雨我也不敢出去玩,
> 我倒喜欢雨天看世界,
> 当初我倒没有打把伞做月亮,
> 自在声音颜色中,
> 我催诗人画一幅画罢。

---

① 原文直行,故曰"左"。

这总不外乎住在大平原的地方不云不雾天高月明因而害的相思病，没有雨乃雨催诗，所谓"点点不离杨柳外，声声只在芭蕉里"是也。天下岂有这样一尘不染的东西么？因为雨相思，接着便有草相思，这真是一言难尽的，我还是引一首歪诗来潦草塞责，这首诗是最近在梦里头做的，我生平简直没有这个经验，这一回却有诗为证，因此也格外的佩服古槐居士的"梦遇"，那天清早我一起来就把铅笔记录下来，曾念给槐居士[①]听：

芳草无情底事愁　朝阳梦里泣牵牛
旧游不是长江水　独自藤花鹦鹉洲

事情是这样的，我梦见我到了鹦鹉洲，从前在武昌中学里念书的时候并没有去鹦鹉洲玩过，这回却到了鹦鹉洲，所谓鹦鹉洲者，便如诗里所记，别的什么东西都没有。后来我把这诗一看，便发现了破绽，看草色应该是春天的光景，然而花有牵牛，

---

① "古槐居士""槐居士"，即俞平伯。

岂非秋朝么？我在南边似乎没有见过牵牛花，此花我看得最多又莫过北平香山一带，总而言之还是在沙漠上梦见江南草而已。我在北平郊外旷野上走路，总不觉得它单调，它只是令我想起江南草长。最近有一件不幸的事件发生，即是在知堂先生处得见《燕京岁时记》这一册书，书真是很可取，只是我读了一则起了另外一点心事，其记五月的石榴夹竹桃云：

> 京师五月榴花正开，鲜明照眼，凡居人等往往与夹竹桃罗列中庭，以为清玩。榴竹之间，必以鱼缸配之，朱鱼数头，游泳其中，几于家家如此。故京师谚曰，天篷鱼缸石榴树。盖讥其同也。

凡在"京师"住得久的人，我想都得欣赏"天篷鱼缸石榴树"这七个字，把北平人家描写得恰好。此七个字一映入我的眼帘，我对于北平起了一个单调的感觉，但这七个字实在不能移易，大有爱莫能助之概。原来我爱北平的街上（除了街上洋车拚命的跑），爱北平的乡下，爱北平人物，对于北平的人家，"几于家家如此"，则颇有难言之感。我还想把北平街上我所心爱的人物说一点，这群人物平常不知道干什么，我也总没有遇见一个相识的，他们好像是理想中的人物，一旦谁家有喜事或有丧事的时候他们便梦也似的出现，都穿上了彩衣，各人手上都有一份执事，有时细看其中有一名就是我们世界一位要饭的老太太，难得她老人家乔妆而其实是本面也在这队伍里滥竽，我总不觉得他们也会同我们说话的，他们好像懒于言语，他们确是各人有各人的灵魂，其不识不知的样子之不同，各如其囚首垢面，他们若无其事的张目走路，正如若无其事的走路打瞌睡，他们大约只贪赌博，贪睡觉，在没有走上十字街头以前，还在红白喜事人家的门墙之外的时候，他们便一群一群的作牧猪奴戏，或者好容易得到一块地盘露天之下一躺躺一个黑甜，不知从那里得了一道命令忽然大家都翻起身来干正经的去了，各人有各人一份执事，作棺材之先行，替新姑娘拿彩仗。我的话一定有人不相信的，其实情形确是如此，我知道这些市民都是无产阶级，我由这些人又幻想"梁上君子"，——这是说我有点思慕他们，他们决不会到我家里来，而我又明白他们的身分，故我思慕此辈为君子，一定态度很好。十年以前我同一位北大同学谈到北平杠房的人物，他对于我的话颇有同感，他另外还告诉我一件有趣的事情，我曾记录下来作了一点小说材料，他说他有一回在北大一院门口看见人家出殡，十六人抬一棺材，其中有一人一样的负重举步，而肩摩踵接之不暇他却在那里打瞌睡。敢情北京人是真个有闲。匆匆不多写。

       废名，五月四日于北平北河沿。

小园集序

此时已是今夜更深十二时了罢,我不如赶快来还了这一笔文债,省得明天早晨兴致失掉了,那是很可惜的事,又多余要向朱君说一句话对不起,序还没有写也。今夜已是更深十二时也,我一口气一叶叶的草草将朱君英诞送来的二册诗稿看完了,忍不住笑,忍不住笑也。天下有极平常而极奇的事,所谓乐莫乐兮新相知也。其实换句话说也就是,是个垃圾成个堆也。今日下午朱君持了诗稿来命我在前面写一点文章,这篇文章我是极想写的,我又晓得这篇文章我是极不能写也,这位少年诗人之诗才,不佞之文绝不能与其相称也,不写朱君又将以为我藏了什么宝贝不伸手出来给人也,我又岂肯自己藏拙不出头赞美赞美朱君自家之宝藏乎,决非本怀也。去年这个时候,诗人林庚介绍一个学生到我这里来,虽然介绍人价值甚大,然而来者总是一学生耳，其第一次来我适在病榻上，没有见，第二次来是我约朱君来，来则请坐，也还是区区一学生的看待，朱君当头一句却是问我的新诗意见，我问他写过新诗没有，他说写过，我给一个纸条给他，请他写一首诗我看，然后再谈话，他却有点踌躇，写什么，我看他的神气是他的新诗写得很多，这时主人之情对于这位来客已经优待，请他写他自己所最喜欢的一首，他又有点不以为然的神气，很难说那一首是自己所最喜欢的，于是来客就拿了主人给他的纸条动手写，说他刚才在我的门口想着做了一首诗，就写给你看看，这一来我乃有点惶恐，就将朱君所写的接过手来看，并且请他讲给我听，我听了他的讲，觉得他的诗意甚佳，知道这进门的不是凡鸟之客，我乃稍为同他谈谈新诗，所谈乃是我自己一首《掐花》，因为朱君说他在杂志上读过这一首诗，喜欢这一首诗，我就将这一首诗讲给他听，我说我的意思还不在爱这一首诗，我想郑重的说明我这首诗的写法，这一首诗是新诗容纳得下几样文化的例证。不久朱君的诗集《无题之秋》自己出版了，送一册给我，我读了甚是佩服，乃知道这位少年诗人的诗才也。不但此也，我的明窗净几一管枯笔，在真的新诗出世的时候，可以秋收冬藏也。所以我在前说一句是个垃圾成个堆，其实说话时忍不住笑也，这一大块锦绣没有我的份儿，我乃爱惜"獭祭鱼"而已。说到这里，这篇序已经度过难关，朱君这两册诗稿，还是从《无题之秋》发展下来的，不过大势之所趋已经是无可奈何了，六朝晚唐诗在新诗里复活也。不过我奉劝新诗人一句，原稿有些地方还得拿去修改，你们自己请郑重一点，即是洞庭湖还应该吝惜一点，这件事是一件大事，是为新诗要成功为古典起见，是千秋事业，不要太是"一身以外，一心以为有鸿鹄之将至"也。若为增进私人的友爱计，这个却于我无多余，是獭祭鱼的话，秋应为黄叶，雨不厌青苔也。是为序。二十五年十一月三日，废名于北平之北河沿。

中国文章

中国文章里简直没有厌世派的文章,这是很可惜的事。我这话虽然说得有点儿游戏,却也是认真的话。我说厌世,并不是叫人去学三闾大夫葬于江鱼之腹中,那倒容易有热中的危险,至少要发狂,我们岂可轻易喝采。我读了外国人的文章,好比徐志摩所佩服的英国哈代的小说,总觉得那些文章里写风景真是写得美丽,也格外的有乡土的色彩,因此我尝戏言,大凡厌世诗人一定很安乐,至少他是冷静的,真的,他描写一番景物给我们看了。我从前写了一首诗,题目为《梦》,诗云:

　　我在女子的梦里写一个善字,
　　我在男子的梦里写一个美字,
　　厌世诗人我画一幅好看的山水,

小孩子我替他画一个世界。

我喜读莎士比亚的戏剧,喜读哈代的小说,喜读俄国梭罗古勃的小说,他们的文章里都有中国文章所没有的美丽,简单一句,中国文章里没有外国人的厌世诗。中国人生在世,确乎是重实际,少理想,更不喜欢思索那"死",因此不但生活上就是文艺里也多是凝滞的空气,好像大家缺少一个公共的花园似的。延陵季子挂剑空垅的故事,我以为不如伯牙钟子期的故事美。嵇康就命顾日影弹琴,同李斯临刑叹不得复牵黄犬出上蔡东门,未免都哀而伤。朝云暮雨尚不失为一篇故事,若后世才子动不动"楚襄王,赴高唐",毋乃太鄙乎。李商隐诗,"微生尽恋人间乐,只有襄王忆梦中",这个意思很难得。中国人的思想大约都是"此间乐,不思蜀,"或者就因为这个原故在文章里乃失却一份美丽了。我尝想,中国后来如果不是受了一点儿佛教影响,文艺里的空气恐怕更陈腐,文章里恐怕更要损失好些好看的字面。我读中国文章是读外国文章之后再回头来读的,我读庾信是因为读了杜甫,那时我正是读了英国哈代的小说之后,读庾信文章,觉得中国文字真可以写好些美丽的东西,"草无忘忧之意，花无长乐之心"，"霜随柳白，月逐坟圆"，都令我喜悦。"月逐坟圆"这一句，我直觉的感得中国难得有第二人这么写。杜甫《咏明妃诗》对得一句"独留青冢向黄昏"，大约是从庾信学来的，却没有庾信写得自然了。中国诗人善写景物，关于"坟"没有什么好的诗句，求之六朝岂易得，去矣千秋不足论也。

庾信《谢明皇帝丝布等启》，篇末云"物受其生，于天不谢"，又可谓中国文章里绝无而仅有的句子。如此应酬文章写得如此美丽，如此见性情。

父亲做小孩子的时候

民国二十八年秋季我在黄梅县小学教国语，那时交通隔绝，没有教科书，深感教材困难，同时社会上还是《古文观止》有势力，我个人简直奈他不何。于是我想自己写些文章给小孩们看，总题目为"父亲做小孩子的时候"。这是我的诚意，也是我的战略，因为这些文章我是叫我自己的小孩子看的，你能禁止我不写白话文给我自己的小孩子看吗？孰知小学国语教师只做了一个学期功课，又太忙写了一篇文章就没写了，而且我知道这篇文章是失败的，因为小学生看不懂。后来我在县初中教英语，有许多学生又另外从我学国文，这时旧的初中教科书渐渐发现了，我乃注意到中学教科书里头有好些文章可以给学生读，比我自己来写要事半功倍得多，于是我这里借一种，那里借一种，差不多终日为他们找教科书选文章。我选文章时的心情，当得起大公无私，觉得自己的文章当初不该那样写，除了《桥》里头有数篇可取外，没有一篇敢保荐给自己的小孩子看，这不是自己的一个大失吗？做了这么的一个文学家能不惶恐吗？而别人的文章确是有好的，我只可惜他们都太写少了，如今这些少数的文章应该是怎样的可贵呵，从我一个做教师与做父亲的眼光看来。现在我还想将"父亲做小孩子的时候"继续写下去，文章未必能如自己所理想的，我理想的是要小孩子喜欢读，容易读，内容则一定不差，有当作家训的意思。《五祖寺》这一篇是二十八年写的，希望以后写得好些，不要显得"庄严"相。

三十五年十一月八日废名记于北平。

五 祖 寺

现在我住的地方离五祖寺不过五里路，在我来到这里的第二天我已经约了两位朋友到五祖寺游玩过了。大人们做事真容易，高兴到那里去就到那里去！我说这话是同情于一个小孩子，便是我自己做小孩子的时候。真的，我以一个大人来游五祖寺，大约有三次，每回在我一步登高之际，不觉而回首望远，总很有一个骄傲，仿佛是自主做事的快乐，小孩子所欣羡不来的了。这个快乐的情形，在我做教师的时候也相似感到，比如有时告假便告假，只要自己开口说一句话，记得做小学生的时候总觉得告假是一件很不容易的事了。总之我以一个大人总常常同情于小孩子，尤其是我自己做小孩子的时候，——因之也常常觉得成人的不幸，凡事应该知道临深履薄的戒惧了，自己作主是很不容易的。因之我又常常羡慕我自己做小孩时的心境，那真是可以赞美的，在一般的世界里，自己那么的繁荣自己那么的廉贞了。五祖寺是我小时所想去的地方，在大人从四祖，五祖回来带了喇叭，木鱼给我们的时候，幼稚的心灵，四祖寺，五祖寺真是心向往之，五祖寺又更是那么的有名，天气晴朗站在城上可以望得见那个庙那个山了。从县城到五祖山脚下有二十五里，从山脚下到庙里有五里。这么远的距离，那时我，一个小孩子，自己知道到五祖寺去玩是不可能的了。然而有一回做梦一般的真个走到五祖寺的山脚下来了，大人们带我到五祖寺来进香，而五祖寺在我竟是过门不入。这个，也不使我觉得奇怪，为什么不带我到山上去呢？也不觉得怅惘。只是我一个小孩子在一天门的茶铺里等候着，尚被系坐在车子上未解放下来，心里确是有点孤寂了。最后望见外祖母，母亲姊姊从那个山路上下来了，又回到我们这个茶铺所在的人间街上来了，（我真仿佛他们好容易是从天上下来）甚是喜悦。我，一个小孩子，似乎记得始终没有说一句话。到现在那件过门不入的事情，似乎还是没有话可说，即是说没有质问大人们为什么不带我上山去的意思，过门不入也是一个圆满，其圆满真仿佛是一个人间的圆满，就在这里为止也一点没有缺欠。所以我先前说我在茶铺里坐在车上望着大人们从山上下来好像从天上下来，是一个实在的感觉。那时我满了六岁，已经上学了，所以寄放在一天门的原故，大约是到五祖寺来进香小孩子们普遍的情形，因为山上的路车子不能上去！只好在山脚下茶铺里等着。或者是我个人特别的情形亦未可知，因为我记得那时我是大病初愈，还不能好好的走路，外祖母之来五祖寺进香乃是为我求福了，不能好好走路的小孩子便不能跟大人一路到山上，故寄放在一天门。不论为什么原故，其实没有关系，因为我已经说明了，那时我一个小孩子便没有质问的意思，叫我在这里等着就在这里等着了。这个忍耐之德,是我的好处。最可赞美的,他忍耐着他不觉苦恼,忍耐又给了他许多涵养,因为我,一个小孩子,每每在这里自己游戏了,到长大之后也就在这里生了许多记忆。现在我总觉得到五祖寺进香是一个奇迹,仿佛昼与夜似的完全,一天门以上乃是我的夜之神秘了。这个夜真是给了我一个很好的记忆。后来我在济南千佛山游玩,走到一个小庙之前白墙上横写着一天门三个字,我很觉得新鲜,"一天门"?真的我这时乃看见一天门三个字这么个写法,儿时听惯了这个名字,没想到这个名字应该怎么写了。原来这里也有一天门,我以为一天门只在我们家乡五祖寺了。然而一天门总还在五祖寺,以后我总仿佛"一天门"三个字写在一个悬空的地方,这个地方便是我记忆里的一天门了。我记忆里的一天门其实什么也不记得,真仿佛是一个夜了。今年我自从来到亭前之后,打一天门经过了好几回,一天门的街道是个什么样子我曾留心看过,但这个一天门也还是与我那个一天门全不相干,我自己好笑了。写到这里,我想起了二天门。今年四月里,我在多云山一个亲戚家里住,一天约了几个人到五祖寺游玩,走进一天门,觉得不像,也就算了,但由一天门上山的那个路我仿佛记得是如此，因此我很喜欢的上着这个路，一直走到二天门，石径之间一个小白屋，上面写"二天门"，大约因为一天门没有写着一天门的原故，故我，一个大人，对于这个二天门很表示着友爱了，见了这个数目字很感着有趣，仿佛是第一回明白一个"一"字又一个"二"字那么好玩。我记得小时读"一去二三里，烟村四五家，楼台六七座，八九十枝花"，起初只是唱着和着罢了，有一天忽然觉着这里头有一二三四五六七八九十，十个字，乃拾得一个很大的喜悦，不过那个喜悦甚是繁华，虽然只是喜欢那几个数目字，实在是仿佛喜欢一天的星，一春的花；这回喜欢"二天门"，乃是喜欢数目字而已，至多不过旧雨重逢的样子，没有另外的儿童世界了。后来我在二天门休息了不小的工夫，那里等于一个凉亭，半山之上，对于上山的人好像简单一把扇子那么可爱。

那么儿时的五祖寺其实乃与五祖寺毫不相干，然而我喜欢写五祖寺这个题目。我喜欢这个题目的原故，恐怕还因为五祖寺的归途。到现在我也总是记得五祖寺的归途，其实并没有记住什么，仿佛记得天气，记得路上有许多桥，记得沙子的路。一个小孩子，坐在车上，我记得他同大人们没有说话，他那么沉默着,喜欢过着木桥,这个木桥后来乃像一个影子的桥,它那么的没有缺点,永远在一个路上。稍大读《西厢记》,喜欢"四围山色中,一鞭残照里"两句,也便是唤起了五祖寺归途的记忆,不过小孩子的"残照"乃是朝阳的憧憬罢了。因此那时也懂得读书的快乐。我真要写当时的情景其实写不出,我的这个好题目乃等于交一份白卷了。

教　训

代大匠斫　必伤其手

当我已经是一个哲学家的时候——即是说连文学家都不是了,当然更不是小孩子,有一天读老子《道德经》,忽然回到小孩子的地位去了,完完全全地是一个守规矩的小孩子,在那里用了整个的心灵,听老子的一句教训。若就大人说,则这时很淘气,因为捧着书本子有点窃笑于那个小个子了。总而言之,这真是一件有趣的事情。我的教训每每是这样得来的。我也每每便这样教训人。

是读了老子的这一句话:"夫代大匠斫,希有不伤其手者矣。"

小孩子的事情是这样:有一天我背着木匠试用他的一把快

斧把我的指头伤了。

我做小孩子确是很守规矩的，凡属大人们立的规矩，我没有犯过。有时有不好的行为，如打牌，如偷父亲的钱，那确乎不能怪我，因为关于这方面大人们没有给我们以教育，不注意小孩子的生活，结果我并不是犯规，简直是在那里驰骋我的幻想，有如东方朔偷桃了。然而我深知这是顶要不得的，对于生活有极坏的影响，希望做大人的注意小孩子的生活，小孩子格外地要守规矩了。我记得我从不逃学，我上学是第一个早。关于时间我不失信。我喜欢蹚河，但我记得我简直没有赤足下一次水，因为大人们不许我下到水里去。我那时看着会游泳的小孩子在水里大显其身手，真有临渊羡鱼的寂寞了。我喜欢打锣，但没有打锣的机会，大约因为太小了，不能插到"打年锣"的伙里去，若十岁以上的小孩子打年锣便是打锣的一个最好的机会。说是太小，而又嫌稍大，如果同祖父手上抱着的小弟弟一样大，便可以由祖父抱到店里去就在祖父的怀里伸手去敲锣玩，大人且逗着你敲锣玩。那时我家开布店，在一般的布店里照例卖锣卖鼓，锣和鼓挂在柜台外店堂里了。我看看弟弟能敲锣玩，又是一阵羡慕。我深知在大人们日中为市的时候只有小弟弟的小手敲锣敲鼓最是调和，若我也去敲敲，便是一个可诧异的声响了。我们的私塾设在一个庙里，我看着庙里的钟与鼓总是寂寞，仿佛倾听那个声音，不但喜欢它沉默，简直喜欢它响一下才好。这个声音也要到时候，即是说要有人上庙来烧香便可以敲钟鼓了，这时却是和尚的职事。有时和尚到外面有事去了，不在庙里了，进香的来了，我们的先生便命令一个孩子去代替和尚敲鼓，这每每又是年龄大的同学，没有我的分儿了，我真是寂寞。有的大年纪的同学，趁着先生外出，和尚也外出的时候，（这个时候常有）把钟和鼓乱打起来，我却有点不屑乎的神气，很不喜欢这个声音，仿佛响得没有意思了，简直可恶。在旧历七月半，凡属小康人家请了道士来"放施"，(相当于和尚的焰口)我便顶喜欢，今天就在我家里大打锣而特打锣，大打鼓而特打鼓了，然而不是我自己动手，又是寂寞。有时趁着道士尚未开坛，或者放施已了正在休息吃茶的时候，我想我把他的鼓敲一响罢，——其实这也并没有什么不可以的，博得道士说一声淘气罢了，我却不如此做，只是心里总有一个一鸣惊人的技痒罢了。所以说起我守规矩，我确是守规矩得可以。

有一次，便是我代大匠斫的这一次，应是不守规矩了。推算起来，那时我有七岁，我家建筑新房子，是民国纪元前四年的故事，我是纪元前十一年生的，因为建筑新房子所以有许多石木工人作工，我顶喜欢木匠的大斧，喜欢它白的锋刃，别的东西我喜欢小的，这个东西我喜欢它大了，小的东西每每自己也想有一件，这把大斧则认为决不是我所有之物，不过很想试试它的锐利。在木匠到那边去吃饭的时候，工作场没有一个人，只有我小小一个人了，我乃慢慢地静静地拿起大匠的斧来，仿佛我要来做一件大事，正正经经地，孰知拿了一块小木头放在斧下一试，我自己的手痛了，伤了，流血了。再看，伤得不厉害，我乃口呿而不合，舌举而不下，且惊且喜，简直忘记痛了。惊无须说得，喜者喜我的指头安全无恙，拿去请姐姐包裹一下就得了，我依然可以同世人见面了。若我因此而竟砍了指头，我将怎么出这个大匠之门呢？即是怕去同人见面。我当时如是想。我这件事除了姐姐没有别人知道了。姐姐后来恐怕忘记了罢，我自己一直记着，直到读了老子的书又是且惊且喜，口呿而不合，舌举而不下，不过这时深深地感得守规矩的趣味，想来教训人，守规矩并不是没出息的孩子的功课。

多识于鸟兽草木之名

孔子命小孩子学诗，说诗可以兴，可以观，可以群，可以怨，迩之事父，远之事君，还要加一句"多识于鸟兽草木之名"。没有这个"多识于鸟兽草木之名"，上面的兴观群怨事父事君没有什么意义；没有兴观群怨事父事君，则"多识于鸟兽草木之名"也少了好些意义了，虽然还不害其为专家。在另一处孔子又有犹贤博奕之义，孔子何其懂得教育。他不喜欢那些过着没有趣味生活的小子。

我个人做小孩时的生活是很有趣味的，因为良辰美景独往独来耳闻目见而且还"默而识之"的经验，乃懂得陶渊明"怀良辰以孤往"这句话真是写得有怀抱。即是说"自然"是我做小孩时的好学校也。恰巧是合乎诗人生活的原故，乃不合乎科学家，换一句话说，我好读书而不求甚解，对于鸟兽草木都是忘年交，每每没有问他们的姓名了。到了长大离乡别井，偶然记起老朋友，则无以称呼之，因此十分寂寞。因此我读了孔子的话，"多识于鸟兽草木之名！"我佩服孔子是一位好教师了。倘若我当时有先生教给我，这是什么鸟，这是什么花，那么艺术与科学合而为一了，说起来心向往之。

故乡鸟兽都是常见的，倒没有不知名之士，好比我喜欢野鸡，也知道它就是"山梁雌雉"的那个雉，所以读山梁雌雉子路拱之时，先生虽没有讲给我听，我自己仿佛懂得"子路拱之"，很是高兴，自己坐在那里跃跃欲试了。我喜欢水田白鹭，也知道它的名字。喜欢满身有刺的猬，偶然看见别的朋友捉得一个，拿了绳子系着，羡慕已极。我害怕螳螂，在我一个人走路时，有时碰着它，它追逐我，故乡虽不是用"螳螂"这个名字，有它的土名，很容易称呼它，遇见它就说遇见它了。现在我觉得庄子会写文章，他对于螳螂的描写甚妙，因为我从小就看惯了它的怒容了。

在五祖山中看见松鼠，也是很喜欢的，故乡也有它的土名，不过结识松鼠时我自己已是高小学生，同了百十个同学一路旅行去的，它已不算是我个人的朋友了。再说鱼，却是每每不知道它的名字，只是回来向大人说今天我在河里看见一尾好鱼而已。后来做大学生读《庄子》，又是《庄子》！见其说"鯈鱼出游从容"，心想他的鱼就是我的鱼罢，仿佛无从对证，寂寞而已。实在的，是庄子告诉我这个鱼的名字。

在草木方面，我有许多不知名，都是同我顶要好的。好比薛荔，在城墙上挂着，在老树上挂着，我喜欢它的叶子，我喜欢它的果实，我仿佛它是树上的莲花，——这个印象决不是因为"木莲"这个名字引起来的，我只觉得它是以空为水，以静穆为颜色罢了，它又以它的果实来逗引我，叫我拿它来抛着玩好了。若有人问我顶喜欢什么果，我就顶喜欢薛荔的果了，它不能给人吃，却是给了我一个好形状。即是说给了我一个好游戏。它的名字叫做薛荔，一名木莲，一直到大学毕业以后才努力追求出来的，说起来未免贻笑大方。还有榖树我知道它的名字，是我努力从博学多能躬行君子现在狱中的知堂老人那里打听出来的，我小时只看见它长在桥头河岸上，我望着那红红的果子，真是"其室则迩，其人则远"，可望而不可即了，因为我想把它摘下来。在故乡那时很少有果木的，不比现在到处有橘园，有桃园，有梨园，这是一个很好的进步，我做小孩子除了很少很少的橘与橙而外不见果树了。或者因为如此，我喜欢那榖树上的几颗红果。不过这个理由是我勉强这么说，我不懂得我为什么喜欢它罢了，从现在看来它是没有什么可喜欢的。这个令我惆怅。再说，我最喜欢芭茅，说我喜欢芭茅胜于世上一切的东西是可以的。我为什么这样喜欢它呢？这个理由大约很明白，我喜欢它的果实好玩罢了，像神仙手上拿的拂子。这个神仙是乡间戏台上看的榜样。它又像马尾，我是怎样喜欢马，喜欢马尾呵，正如庾信说的，"一马之奔，无一毛而不动"，我喜欢它是静物，我又喜欢它是奔放似的。我当时不知它是芭茅的果实，只以芭茅来代表它，后来正在中学里听植物学教师讲蒲公英，拿了蒲公英果实给我们看，说这些果实乘风飞扬，我乃推知我喜欢芭茅是喜欢芭茅的果实了，在此以前我总想说它是花。故乡到处是芭茅做篱笆，我心里喜欢的芭茅的"花"便在蓝天之下排列成一种阵容，我想去摘它一枝表示世间是一个大喜欢，因为我守规矩的原故，我记得我没有摘过一枝芭茅。只是最近战时在故乡做小学教师才摘芭茅给学生做标本。

放 猖

我在故乡避难时,教中小学生作文,我告诉学生作文的目的是要什么事情都能写,正如小儿学语是要什么话都能说一样。我这意思当然是最明白而且最正当的了,然而在我们这个国家里,一向作文的办法是什么事情都不能写,正如女子裹了脚便什么事情都不能做一样,所以我的一点明白而正当的意思反而不能被人接受,而被人痛恨。此事真应恸哭流涕。故我常想,要我爱国我便要教学生作文,我要他们什么事情都能写。我出的作文题,都根据于儿童的经验,从小在乡间所习见的风俗习惯,我都拿来出题目。"放猖"是故乡的一种风俗,我便教学生写放猖,在小学六年级里第一次交出一篇作文说太阳不说太阳要说"金乌"的学生后来居然写了一篇很好的《放猖》了,此事令我大喜。

这个学生姓鲁,我现在还记得他的《放猖》,不知他记得我否。今天我自己来写一篇放猖。

故乡到处有五猖庙,其规模比土地庙还要小得多,土地庙好比是一乘轿子,与之比例则五猖庙等于一个火柴匣子而已。猖神一共有五个,大约都是士兵阶级,在春秋佳日,常把他们放出去"猖"一下,所以驱疫也。"猖"的意思就是各处乱跑一阵。故做母亲的见了自己的孩子应归家时未归家,归家了乃责备他道:"你在那里'猖'了回来呢?"猖神例以壮丁扮之,都是自愿的,不但自愿而已,还要拿出诚敬来"许愿",愿做三年猖兵,即接连要扮三年。有时又由小孩子扮之,这便等于额外兵,是父母替他许愿,当了猖兵便可以没有灾难,身体健康。我当时非常之羡慕这种小猖兵,心想我家大人何以不让我也来做一个呢?猖兵赤膊,着黄布背心,这算是制服,公备的。另外谁做猖谁自己得去借一件女裤穿着,而且必须是红的。我当时跟着已报名而尚未入伍的猖兵沿家逐户借裤,因为是红裤,故必借之于青年女子,我略略知道他和她在那里说笑话了,近于讲爱情了,不避我小孩子。装束好了以后,即是黄背心、红裤、扎裹腿、草鞋,然后再来"打脸"。打脸即是画花脸,这是我最感兴趣的,看着他们打脸,羡慕已极,其中有小猖兵,更觉得天下只有他们有地位了,可以自豪了,像我这天生的,本来如此的脸面,算什么呢?打脸之后,再来"练猖",即由道士率领着在神前(在乡各村,在城各门,各有其所祀之神,不一其名)画符念咒,然后便是猖神了,他们再没有人间的自由,即是不准他们说话,一说话便要肚子痛的。这也是我最感兴趣的,人间的自由本来莫过于说话,而现在不准他们说话,没有比这个更显得他们已经是神了。他们不说话,他们已经同我们隔得很远,他们显得是神,我们是人是小孩子,我们可以淘气,可以嘻笑着逗他们,逗得他们说话,而一看他们是花脸,这其间便无可奈何似的,我们只有退避三舍了,我们简直已经不认得他们了。何况他们这时手上已经拿着叉,拿着叉郎当郎当的响,真是天兵天将的模样了。说到叉,是我小时最喜欢的武器,叉上串有几个铁轮,拿着把柄一上一下郎当着,那个声音把小孩子的什么话都说出了,便是小孩子的欢喜。我最不会做手工,我记得我曾做过叉,以吃饭的筷子做把柄,其不讲究可知,然而是我的创作了。我的叉的铁轮是在城里一个高坡上(我家住在城里）拾得的洋铁屑片剪成的。在练猖一幕之后，才是名副其实的放猖，即由一个凡人（同我们一样别无打扮，又可以自由说话，故我认他是凡人）拿了一面大锣敲着，在前面率领着，拚命地跑着，五猖在后面跟着拚命地跑着，沿家逐户地跑着，每家都得升堂入室，被爆竹欢迎着，跑进去，又跑出来，不大的工夫在乡一村在城一门家家跑遍了。我则跟在后面喝彩。其实是心里羡慕，这时是羡慕天地间唯一的自由似的。羡慕他们跑，羡慕他们的花脸，羡慕他们的叉响。不觉之间仿佛又替他们寂寞——他们不说话！其实我何尝说一句话呢？然而我的世界热闹极了。放猖的时间总在午后，到了夜间则是"游猖"，这时不是跑，是抬出神来，由五猖护着，沿村或沿街巡视一遍，灯烛辉煌，打锣打鼓还要吹喇叭，我的心里却寂寞之至，正如过年到了元夜的寂寞，因为游猖接着就是"收猖"了，今年的已经完了。

到了第二天，遇见昨日的猖兵时，我每每把他从头至脚打量一番，仿佛一朵花已经谢了，他的奇迹都到那里去了呢？尤其是看着他说话，他说话的语言太是贫穷了，远不如不说话。

雅读

散　文

我现在只喜欢事实,不喜欢想象。如果要我写文章,我只能写散文,决不会再写小说。所以有朋友要我写小说,可谓不知我者了,虽然我心里很感激他的诚意。

在《竹林的故事》里有一篇《浣衣母》,有一篇《河上柳》,都那么写得不值再看,换一句话说把事实都糟踏了。我现在很想做简短的笔记,把那些事实都追记下来。其实就现实说,我所谓的事实都已经是沧海桑田,我小时的环境现在完全变了,因为经历过许多大乱。

《浣衣母》与《河上柳》是一个背景,我拿来写了两篇文章。事实是,"浣衣母"是我族间的一位婶母,"河上柳"是她门前的一棵树,这棵树一个清明日我亲自看见它栽下去的,后来成为一棵很大的杨柳树了。我看着树常常觉得很奇怪,仿佛世间的事一点也不假，它本来是一个插枝，栽下去了便长大了，夏天里有许多人在它下面乘荫了，莫非梦也夫？我这位婶母的家是在城门之外。这城门之外单独有这一个贫家，茅草屋。这城门我们口中叫"小南门"，但刻在城门上的三个大字是"便民门"，那时我常想，明明是"小南门"，何以叫"便民门"呢？是什么意思呢？所以世间上不懂的事情很多，不懂有时也没有关系，纳闷有时很有趣了。小时，自然与人事，对于我影响最深的，一是外家，一是这位婶母家，外家如是以其富有，婶母家是以其贫了，她的贫使得我富有。在现在想来，外家的印象已渐淡漠，婶母家的印象新鲜如故，此真不知是何故。大约这块地方现在无可考，只有一片沙砾，所以在我的记忆里格外新鲜。婶母的茅草屋临在城外的小河之上，门口是"便民"之路，这所谓"路"当然包含了桥，因为有河而可行，非有桥而何？这个桥是木桥，春夏间发山洪时常常冲倒了，于是行人涉水而过。农人进城舍不得花渡钱，则"深则厉，浅则揭"。到了秋冬以至春三月，则河里本来没有水，只是沙滩，桥徒有意了，大家都是走自由之路，即是走沙滩。县城共有六门，以小南门出进的人最多，婶母家形式虽孤单，其精神则最热闹，无论就这个地方说，无论就婶

雅读

母的性格说,任何人走到这里都热闹了。我现在喜欢"关关雎鸠,在河之洲,窈窕淑女,君子好逑"这一章书,每每是回忆故乡小南门外的情景了。那里常常有"窈窕淑女",那里常常有"关关雎鸠,在河之洲"。我还喜欢这一篇诗:

> 匏有苦叶,济有深涉,深则厉,浅则揭。
> 有瀰济盈,有鷕雉鸣,济盈不濡轨,雉鸣求其牡。
> 雝雝鸣雁,旭日始旦。士如归妻,迨冰未泮。
> 招招舟子,人涉卬否。人涉卬否,卬须我友。

我读这篇诗,感得热闹极了,也便是记起小时故乡小南门外的情景。深则厉浅则揭已说过。有时车子渡河,或是货车,或女子回娘家坐的车,没有桥,水里过,我们小孩子在岸上看,唯恐把它濡了,又惟恐不把它濡了,因为小孩子总是淘气。把女子扎车的彩被濡了那更可惜了。沙岸上车子的辙迹印得很深也很有趣。冬天里看人家"报日"(报日者,请期纳米,通俗以鸡和鹅代替古礼之雁者也),看人家抬花轿,都在这沙滩上,因为这时河里没有水。至于"招招舟子,人涉卬否",我们小孩子则不觉得，这大约是寂寞的心事，小孩子隔膜了。诗真是写得热闹，是写实。或者是我的主观亦未可知。

　　再说婶母的性格，我认为她是神，不是人，这决不是我的主观，世间的人品实有伟大这一个形容词了。她贫无立锥之地，她的茅草屋不是她自己盖的，茅草屋也不能有历史，经不得风吹雨打，不是她的祖先遗给她的，我记得她的屋常给山洪冲倒了，于是来"邀会"，邀会者邀几个本族的人拿出资本来替婶母再盖一个茅草屋了。她年青孀居，有三个儿子，都养大成人了，但都是神秘人物，后来都无影无踪了，都在外面流亡死了。婶母替人洗衣，但不能说是以洗衣为职业，因为她不需要职业，她只是替人操劳，人家也给饭她吃罢了。那时城镇上也还没有洗衣的职业，要说有这个职业，"浣衣母"便是开山大师了。她每每替店铺里的学徒洗衣，学徒便像她的儿子一样了，他们当然也给报酬，但微乎其微，而浣衣母对于他们的抚爱则是母亲的伟大了。我家那时是大家庭，兄弟多人，谁都喜欢婶母，简直可以说我们兄弟谁都是婶母养大的，我们以为婶母最富，谁都喜欢吃婶母的饭了。实在她没有得吃时，祖父便吩咐送米给她不是给她给我们吃，是给婶母的食粮，而婶母的食粮我们有份儿了。

我们小孩子只知道白天,不知道夜晚,知道白天城门外的热闹,即婶母家的热闹,从不知道夜晚是婶母一个人在她的城外茅草屋里了,也不知道那里有灯光没有。黄昏时在那里也是热闹的,我们每每关城门的时候才进城回到自己家里去,舍不得进城,巴不得晚一点儿关城门。"河上柳"我记得是一个黄昏时候婶母的大儿子将一枝柳条插在土里的,难怪以后"终古垂杨有暮鸦"!即是说黄昏时柳条可爱。清早起来,旭日东升,城门外便已热闹了,乡下人早已进城卖柴了,冬日里我们跟着祖父到婶母门前晒太阳了。

过年时,大哥因为字比谁都写得好,常替人写春联,我因为字写得不好则磨墨。我顶不耐磨墨,最羡慕挥毫,但也顶喜欢磨墨的时候到了,因为大哥写春联的时候到了。有一年大哥替婶母家写的是"东方朔日暖,柳下惠风和",红纸是婶母的大儿子买的。新年初一我们清早起来赶快跑去拜婶母年,红日之下一看大哥写的红对子,十分欢喜,我仿佛懂得"东方朔日暖,柳下惠风和"的意味了。

实在婶母的伟大无法形容的,穷可以形容她,神可以形容她,穷到这里真是神了。

后来我们长大了,到武昌上学去了,暑假回家时听母亲同自己的婶母谈城外婶母的闲话,说,"有人说她的闲话!"闲话是:有一后生,利用婶母的茅草屋开茶铺,这后生同婶母"相好"。我听了这话愈觉得婶母是神,她神圣不可侵犯。

我怎样读论语

我以前写了一篇《读论语》的小文,那时我还没有到三十岁,是刚刚登上孔子之堂,高兴作的,意义也确是很重要。民国二十四年,我懂得孟子的性善,于是跳出了现代唯物思想的樊笼,再来读《论语》,境界与写《读论语》时又大不同,从此年年有进益,到现在可以匡程朱之不逮,我真应该注《论语》了。今天我来谈谈我是怎样读《论语》的。

我还是从以前写《读论语》时的经验说起。那时我立志做艺术家,喜欢法国弗禄倍尔以几十年的光阴写几部小说,我也要把我的生命贡献给艺术,在北平香山一个贫家里租了屋子住着,专心致志写一部小说,便是后来并未写完的《桥》。我记得有一天我忽然有所得,替我的书斋起了一个名字,叫做"常出屋斋",自己很是喜悦。因为我总喜欢在外面走路,无论山上，无论泉边，无论僧伽蓝，都有我的足迹，合乎陶渊明的"怀良辰以孤往"，或是"良辰入奇怀"，不在家里伏案，而心里总是有所得了。而我的书斋也仿佛总有主人，因为那里有主人的"志"，那里静得很，案上有两部书，一是英国的《莎士比亚全集》，一是俄国的《契诃夫全集》英译本，都是我所喜欢读的。我觉得"常出屋斋"的斋名很有趣味，进城时并请沈尹默先生替我写了这四个字。后来我离开香山时，沈先生替我写的这四个字我忘记取下，仍然挂在那贫家的壁上，至今想起不免同情。我今天提起这件事，是与我读《论语》有关系。有一天我正在山上走路时，心里很有一种寂寞，同时又仿佛中国书上有一句话正是表现我这时的感情，油然记起孔子的"鸟兽不可与同群"的语句，于是我真是喜悦，只这一句话我感得孔子的伟大，同时我觉得中国没有第二个人能了解孔子这话的意义。不知是什么原故我当时竟能那样的肯定。是的，到现在我可以这样说，除孔子而外，中国没有第二个人有孔子的朴质与伟大的心情了。庄周所谓"空谷足音"的感情尚是文学的，不是生活的已经是很难得，孔子的"鸟兽不可与同群，吾非斯人之徒与而谁与"的话，则完全是生活的，同时也就是真理，令我感激欲泣，欢喜若狂。孔子这个人胸中没有一句话非吐出不可，他说话只是同我们走路一样自然要走路，开步便是在人生路上走路了，孔子说话也开口便是真理了，他看见长沮桀溺两个隐士，听了两人的话，便触动了他有话说，他觉得这些人未免狭隘了，不懂得道理了，你们在乡野之间住着难道不懂得与人为群的意思么？恐怕你们最容易有寂寞的感情罢？所以"鸟兽不可与同群，吾非斯人之徒与而谁与？"是山林隐逸触起孔子说话。我今问诸君，这些隐逸不应该做孔子的学生么？先生不恰恰是教给他们一个道理么？百世之下乃令我，那时正是五四运动之后，狂者之流，认孔子为不足观的，崇拜西洋艺术家的，令我忽然懂得了，懂得了孔子的一句话，仿佛也便懂得了孔子的一切，我知道他是一个圣人了。我记得我这回进北平城内时，曾请友人冯至君买何晏《论语集解》送我。可见我那时是完全不懂得中国学问的，虽然已经喜欢孔子而还是痛恶程朱的，故读《论语》而决不读朱子的注本。这是很可笑的。

民国二十四年，我懂得孟子的性善，乃是背道而驰而懂得的，因为我们都是现代人，现代人都是唯物思想，即是告子的"生之谓性"，换一句话说以食色为性，本能为性，很以孟子的性善之说为可笑的。一日我懂得"性",懂得我们一向所说的性不是性是习,性是至善,故孟子说性善,这时我大喜,不但救了我自己,我还要觉世!世人都把人看得太小了,不懂得人生的意义,以为人生是为遗传与环境所决定的,简直是"外铄我也",换一句话说人不能胜天,而所谓天就是"自然"。现代人都在这个樊笼的人生观之中。同时现代人都容易有错处,有过也便不能再改,仿佛是命定了,无可如何的。当我觉得我自己的错处时,我很是难过,并不是以为自己不对,因为是"自然"有什么不对呢?西谚不说"过失就是人生"吗?但错总是错了,故难过。我苦闷甚久。因为写《桥》而又写了一部《莫须有先生传》,二十年《莫须有先生传》出版以后我便没有兴会写小说。我的苦闷正是我的"忧"。因为"忧",我乃忽然懂得道理了,道理便是性善。人的一生便是表现性善的,我们本来没有决定的错误的,不贰过便是善,学问之道便是不贰过。"人不能胜天",这个观念是错的,人就是天,天不是现代思想所谓"自然",天反合乎俗情所谓"天理",天理岂有恶的吗?恶乃是过与不及,过与不及正是要你用功,要你达到"中"了。中便是至善。人懂得至善时,便懂得天,所谓人能弘道。这个关系真是太大。现代人的思想正是告子的"生之谓性",古代圣人是"天命之谓性"。天命之谓性,孟子便具体的说是性善。从此我觉得我可以没有错处了,我的快乐非言语所能形容。我仿佛想说一句话。再一想,这句话孔子已经说过,便是"朝闻道,夕死可矣"。我懂得孔子说这话是表示喜悦。这是我第二回读《论语》的经验。

我生平常常有一种喜不自胜的感情,便是我亲自得见一位道德家,一位推己及人的君子,他真有识见,他从不欺人,我常常爱他爱小孩子的态度,他同小孩子说话都有礼!我把话这样说,是我有一种实感,因为我们同小孩子说话总可以随便一点了,说错了总不要紧了,而知堂先生——大家或者已经猜得着我所说的是知堂先生了,他同小孩子说话也总是有礼,这真是给了我好大的修养,好大的欢喜,比"尚不愧于屋漏"要有趣得多。他够得上一个"信"字,中国人所缺少的一个字。他够得上一个"仁"字,存心总是想于人有益处。晚年不但是个人主义的存心,而是国家民族主义的存心,正是一个"信"字的扩大充实,一个"仁"字的扩大充实。因为国家的命运不好,他寂寞地忠于自己的见地,故与群众相反,这是信。敌寇当前,他还想救人,还想替国家有所保存,这是仁。这个人现在在狱中,他是如何的"忍辱"(这是他生平所喜欢的菩萨六度之一),他向着国家的法律说话是如何的有礼。我说知堂先生是一位道德家,是我最喜欢的一句话,意味无穷。但知堂先生是唯物论者,唯物论者的道德哲学是"义外",至多也不过是陶渊明所说的"称心固为好"的意思。陶渊明恐怕还不及知堂先生是一位道德家,但"信"字是一样,又一样的是大雅君子。两人又都不能懂得孔子。此事令我觉得奇怪,不懂得道德标准来自本性,而自己偏是躬行君子,岂孔子所谓"盖有不知而作之者欤?"于是我大喜,《论语》这章书我今天懂得了!"子曰:盖有不知而作之者,我无是也。多闻择其善者而从之,多见而识之,知之次也。"我一向对于这章书不了解,朱注毫无意义,他说,"不知而作,不知其理而妄作也。孔子自言未尝妄作。盖亦谦辞。然亦可见其无所不知也。"孔子为什么拿自己与妄作者相提并论?如此"谦辞",有何益处?孔子不如此立言也。是可见读书之难。我不是得见知堂先生这一位大人物,我不能懂得孔子的话了。我懂得了以后,再来反复读这章书,可谓学而时习之不亦说乎。孔子这个人有时说话真是坚决得很,同时也委婉得很,这章书他是坚决的说他"知",而对于"不知而作之者"言外又大有赞美与叹息之意也。其曰"盖有"，盖是很难得，伯夷柳下惠或者正是这一类的人了。孔子之所谓"知"，便是德性之全体，孔子的学问这章书的这一个"知"字足以尽之了，朱子无所不知云云完全是赘辞了。总之孔子是下学而上达的话，连朱子都不懂，何况其余。朱子不懂是因为朱子没有这个千载难遇的经验，或者宋儒也没有这个广大的识见，虽然他们是真懂得孔子的。我首先说我常常有一种喜不自胜的感情，是说我生平与知堂先生亲近，关于做人的方面常常觉得学如不及，真有意义。及至悟得孔子"不知而作"的话，又真到了信仰的地位，孔子口中总是说"天"，他是确实知之为知之的。儒家本来是宗教，这个宗教又就是哲学，这个哲学不靠知识，重在德行。你要知"天"，知识怎么知呢？不靠德行去经验之吗？我讲《论语》讲到这里，有无上的喜悦，生平得以知堂先生大德为师了。

抗战期间我在故乡黄梅做小学教师，做初级中学教师，卞之琳君有一回从四川写信问我怎么样，我觉得很难答复，总不能以做小学教员中学教员回答朋友问我的意思，连忙想起《论语》学而一章，觉得有了，可以回答朋友了，于是我告诉他我在乡间的生活可以学而一章尽之，有时是"不亦说乎"，有时是

"不亦乐乎",有时是"不亦君子乎"。"有朋自远方来"的事实当然没有,但想着有朋自远方来应该是如何的快乐,便可见孔子的话如何是经验之谈了,便是"不亦乐乎"了。总之我在乡间八九年的生活是寂寞的辛苦的。我确实不觉得寂寞不觉得辛苦,总是快乐的时候多。有一年暑假,我在县中学住着教学生补习功课,校址是黄梅县南山寺,算是很深的山中了,而从百里外水乡来了一位小时的同学胡君,他现在已是四十以上的一位绅士了,他带了他的外甥同来,要我答应收留做学生。我当然答应了,而且很感激他,他这样远道而来。我那里还辞辛苦。要说辛苦也确是辛苦的,学生人数在三十名左右,有补习小学功课的,有补习初中各年级功课的。友人之甥年龄过十五岁,却是失学的孩子,国语不识字不能造句,算术能做简单加减法,天资是下愚。慢慢地我教他算乘法,教他读九九歌诀,他读不熟。战时山中没有教本可买,学生之中也没有读九九歌诀的,只此友人之甥一人如此,故我拿了一张纸抄了一份九九歌诀教给他读。我一面抄,一面教时,便有点迁怒于朋友,他不该送这个学生来磨难我了。这个学生确是难教。我看他一眼,我觉得他倒是诚心要学算术的。连忙我觉得我不对,我有恼这个学生的意思，我不应该恼他。连忙我想起《论语》一章书："子曰：有教无类。"我欢喜赞叹，我知道圣人之所以为圣人了。这章书给了我很大的安慰。我们不从生活是不能懂得圣人了。朱子对于这章书的了解是万不能及我了，因为他没有这个经验。朱注曰，"人性皆善，而其类有善恶之殊者，气习之染也。故君子有教，则人皆可以复于善，而不当复论其类之恶矣。"这些话都是守着原则说的，也便是无话想出话来说，近于做题目，因为要注，便不得不注了，《论语》的生命无有矣。

谈杜甫的"登楼"

我最爱杜甫的《登楼》。我想说出我的理由来。先把这首诗抄下来:

> 花近高楼伤客心,万方多难此登临。
> 锦江春色来天地,玉垒浮云变古今。
> 北极朝廷终不改,西山寇盗莫相侵。
> 可怜后主还祠庙,日暮聊为梁甫吟。

沈德潜对这首诗也赞美得很,他评道:"气象雄伟,笼盖宇宙,此杜诗之最上者。"我认为这是杜甫的一首抒情诗。抒情诗而是律诗,这是了不起的事,因为律诗讲对仗,容易逞技巧,见作者的功夫,未必有抒情诗的效用。而杜甫的《登楼》是中国古典文学里一首伟大的抒情诗。我还没有见过古代诗人有谁表现过像杜甫这样深厚的感情。这首诗的表现方法是直接地写出，即是把一刹那一刹那的感情记出来，然后给读者以整个的艺术形象。第一句"花近高楼伤客心"，这一句诗就是杜甫了，除了杜甫没有别人，他登上高楼，看见了花，并感伤于怀。这一句里面有一个"客"字，因为他在外面漂流很久了。就这一句说，也是直接的写法，从最后一刹那写起，要说登楼，而已在楼上，要说楼上，而已见高楼外，所以首先是"花"。又难得第六个字是一个"客"字，即登楼之人。此人是"万方多难此登临"了。所以这首诗的第二句是"万方多难此登临"。第一句"客"字的位置，第二句"此"字的位置，都是直接的写法，其时其地其人自知了。杜诗所表现的感情总是极其直接的，作者不容许一点间接。然而直接的感情究竟是要传达给读者，于是不能不有三四两句，即是解释"此登临"的"此"字。此是何地呢？此地水有锦江，山有玉垒，换句话说客在成都。但不能这样告诉读者，这样告诉读者，便不是直接的感情，是间接的文字了。所以杜诗只能是抒情："锦江春色来天地，玉垒浮云变古今。"这样的两句就是沈德潜说的"笼盖宇宙"。一句写空间，一句写时间。江上春色不就是世界的存在吗？山上浮云不等于古今的变换吗？杜甫一点没有"人生如梦"的意思，他是写景，他是抒情，他有的是对祖国的献身感，对历史的责任感。所以诗接着写："北极朝廷终不改，西山寇盗莫相侵。"这都是直接的感情，在杜甫写《登楼》的时候，吐蕃曾经侵入到长安，然而被击退了，所以有"北极朝廷终不改"句，这一句也确实表示杜甫的信心。在四川方面吐蕃也为患，故有"西山寇盗莫相侵"句。最后两句我非常爱好，我认为杜甫的思想感情极深刻，表现得极直接，他是写成都的刘后主庙，刘后主是亡国之君，所以他用了"可怜"两个字，这一来与"北极朝廷终不改"的思想好像有矛盾似的。然而杜甫有信心，所以马上接一句："日暮聊为梁甫吟。"这用的是诸葛孔明的故事,诸葛孔明好为梁甫吟，这是一种兴奋的精神。"日暮"两个字我们应该注意，登楼是在日暮，所以"日暮"是写实，但杜甫没有一丝一毫"只是近黄昏"的意思,他有的是屈原的"吾令羲和弭节兮,望崦嵫而勿迫"的精神。不过杜甫也和屈原不同，他这首诗表现的是现实主义，不是浪漫主义，他是"日暮聊为梁甫吟"。就作诗的技巧说，题目是"登楼",作者应该告诉读者他在什么时候什么地方登楼的,杜甫当然没有这么笨,然而我们读完了诗也都知道了,地方在四川成都,时间是春天日暮。

我爱杜甫的这一首诗,有两点,一,它反映了中国古代长期封建统治的历史,一方面诗人相信"北极朝廷终不改",一方面又"西山寇盗"相侵;二,这首诗的语言充分表现汉语之美,它利于作对仗,而杜甫用以抒情。